面向新时代的汉语语法理论创新丛书　主编/罗琼鹏

A Formal Semantic Study on Distributivity in Mandarin Chinese

现代汉语中的分配量化

罗琼鹏 著

南京大学出版社

南京大学文科"双一流"建设中长期研究专项资助项目
国家语委科研基地——南京大学中国语言战略研究中心资助项目

前　言

本书所呈现的内容,部分以会议报告或论文出现在别的地方〔如《语言学论丛》第 34 辑、*Taiwan Journal of Linguistics* 第 11 卷、What Syntax Feeds Semantics（ESSLLI 2008 专题工作坊）、Generative Linguistics in the Old World 32（GLOW 32,2009 年）、Generative Linguistics in the Old World in Asia 7（GLOW in Asia 7,2019 年）等〕,在此衷心感谢所有曾提出过建议和指导的师辈学者和学界同仁。每一位读过其中部分内容的学者,都能感受到他们对本书核心分析的影响。中华文化尚内敛,大恩不言谢,所以这里不一一具名致谢,但我会一直铭记心底。

为了保存自己曾经的一段学术经历和思路历程,本书的核心分析,基本上保持了它的初始面貌。趁着这次出版的机会,我对文字、结构和编排做了一些修改和润色,更正了一些明显的问题,并增补了一些必要的参考文献。但本书在分析上肯定还存在这样那样的问题,技术手法上也难免有稚嫩之处,恳请读者批评指正。

本书的出版,得到了南京大学文科"双一流"建设中长期研究专项"汉语语义研究与新时代汉语语法理论创新"和国家语委科研基地——南京大学中国语言战略研究中心的资助,谨致谢忱!

罗琼鹏

2020 年 10 月于南京仙林

摘 要

在现代汉语语法中,长久以来存在几个古老的难题:(一)"都"**量化和标准的全称量化之间的关系**。以往的很多研究(包括传统语法研究和部分当代形式语义学的研究),都把"都"看作是表示总括作用的全称算子。这种处理,从描写语法的角度来看没有大的问题,但从以解释为目的的当代语言学角度来看,这种处理模糊了"都"量化和标准的全称量化之间的对立关系。很多语言事实表明,"都"量化不是标准的全称量化。这中间的关系,还需要进一步的厘清。(二)**"都"对事件的量化**。要充分处理"都"对事件的量化,我们同时还需要考虑:(1) 语义学/语用学接口的有关条件(隐性的量化域限制在汉语中所处的不同的地位);(2) 高阶的函数量化(斯科林的函数量化方式能更好地刻画相关语义现象);(3) 自然语言的代数结构等问题。应该说,对这些因素的形式化表述是现存分析所缺乏的,汉语语法研究有必要重视这些概念在语法中的体现。(三)**"每"与"都"的分布与语义**。这里面的几个具体问题有:(1) "每+CL+NP"的主宾不对称问题,即"每"在主语位置出现的时候,要受到高度的限制(大多数情况下,"都"是必须出现的),但是,当"每"出现于宾语位置时,基本上可以不受限制;(2) "每"在主语位置上出现,并不总是需要"都"的陪同,即有的时候,"每"可以独立出现;(3) 理论解释的滞后性,即到目前为止,相关现象虽然早有研究者注意到,文献中却一直缺少一个具有充分解释力的理论;(4)辖域问题,即和英语不同,"每(+CL)+NP"在宾语位置出现一般不会导致辖域歧义,这对现有的一些语义学理论提出了挑战,如广义量词理论,语义类型论和量词提升理论等。(四)"都"的统一分析和分配量化的具体语法实现问题。我们讨论"都",如果只就"都"来谈"都"(包括其他一些现象),不可避免地会陷入循环论的陷阱。如果要充分讨论"都"量化,一条值得探索的途径是:为什么有"都"量化?它背后有什么样的语义机制?(五)"所有"和"都"。传统的和许多现存的分析都认为现代汉语的"所有"是一个全称量词。更多的语料考察表明,"所有"和典型的全称量词的表现迥然不同。相关的现象表明,我们不仅仅需要理清一些经常混淆的概念,如分配量化和全称量化,还需要考虑得更为深远。

本书就上面的几个具体问题提出了一个新的分析思路。本研究的中心假设是:

自然语言分配量化的假设(Hypothesis on Distributivity in Natural Languages,HDNL)

自然语言的分配量化包含双重量化:标准的全称量化($\forall$)加上(匹配)函数量化 π。

匹配函数(Matching Function,MF)

设 A 和 B 是集合,$\pi: \wp(A) \times \wp(B)$ 是一个匹配函数当且仅当

(a) $\forall x \in \{X: X \subseteq \wp(A)\} \; \exists!y \in \{\Delta: \Delta \subseteq \wp(B)\} \to \pi(x) = y$

(distinct condition)

(b) For any elements x and y of X, $x \leqslant y \Rightarrow \pi(x) \leqslant \pi(y)$ (order-preserving)

(c) $\forall x_1, x_2 \in X: x_1 \neq x_2 \Rightarrow \pi(x_1) \neq_T \pi(x_2)$ (one-to-one mapping)

(d) Undefined otherwise

这个基于函数量化的思路,将被证明不但可以解决"都"的事件量化问题,同时还具有跨语言的比较语义学的意义。

Abstract

This book addresses several long-standing puzzles in Chinese semantics, among which are: (ⅰ) The differences between standard universal quantification versus distributive quantification. For several decades, the notorious *dou* has been treated as a quantifier with universal quantificational force by most, if not all, works on Chinese quantification. While this terminology might not cause any serious problem in a descriptive perspective, the terminology, however, sometimes obscured the demarcation of distributive quantification from standard universal quantification, as there is robust within-and cross-linguistic evidence indicating that some further demarcation of the two is compellingly necessary; (ⅱ) The adverbial quantification over events of *dou*. Our standard wisdom of *dou* is that it is a distributive operator over individuals. But this proposal proves to be inadequate in the cases of adverbial quantification over events, even if we include events in our domain. An adequate account for adverbial quantification over events requires taking into full consideration of (a) implicit domain construction, (b) an independently needed matching function and (c) an algebraic structure to model the domain of discourse. (ⅲ) The (co-)occurrence between *mei* and *dou*. When *mei* appears in a subject position, it requires the obligatory company of *dou*. But this is not always the case. *Mei* could occur in a subject position independent of *dou* when there is an indefinite NP within its scope, and a more comprehensive scrutiny of the data indicates the following pattern about the (co)-occurrence between *mei* and *dou*: *dou* is obligatory when '*mei* NP' occurs in subject positions and (a) there is a definite object NP (or a proper noun) within its scope or (b) the VP is intransitive. The puzzle is: what governs the distribution of *mei* and *dou*? (iv) The subject/object asymmetry of the distribution of '*mei* NP'. In contrast to subject positions, '*mei* NP' could appear in object positions relatively freely. There is a non-trivial theoretical issue needed to be tackled. Being a scope-freezing language, QR as a scope-driven strategy is generally assumed not to apply in Chinese. If our starting point is that '*mei* NP' is a generalized quantifier (GQ) of type $<et, t>$, how to properly combine it with the verb becomes a problem. An immediate question that follows is what kind of theoretical consequence the empirical fact might lead to. (v) A unified account for *dou*. Much of the previous literature only focuses on the lexical semantic of *dou*, however, the real point is to explain why *dou* has such peculiar properties. A most ideal solution to this question is that we could derive the semantic/syntactic behavior of *dou* by some independently needed mechanisms. (vi) *suoyou* ('all') and *dou*: *suoyou* has been treated for a long time as a universal quantifier, but recent studies and fresh observation suggest that its major function is not being a universal quantifier but to contribute domain regulation. If this is the case, we might have made a further step in clarifying the inter-relation between universal quantification, distributive quantification and domain regulation.

In this book, I propose that the following idea could shed some new light on the above-mentioned puzzles:

Hypothesis on Distributivity in Natural Languages (HDNL)

Distributive quantification in natural languages has a portmanteau semantic structure, namely, it is a standard universal quantification plus a matching function.

Matching Function (MF)

Let A and B be sets, $\pi: \wp(A) \times \wp(B)$ is a matching function iff

(a) $\forall x \in \{X: X \subseteq \wp(A)\} \; \exists! y \in \{\Delta: \Delta \subseteq \wp(B)\} \rightarrow \pi(x) = y$ (distinct condition)

(b) For any elements x and y of X, $x \leqslant y \Rightarrow \pi(x) \leqslant \pi(y)$ (order-reserving)

(c) $\forall x_1, x_2 \in X: x_1 \neq x_2 \Rightarrow \pi(x_1) \neq_T \pi(x_2)$ (one-to-one mapping)

(d) Undefined otherwise

It will be proved that, in addition to addressing the aforementioned long-standing puzzles in Chinese semantics, the new analysis on distributive quantification by means of higher-order functional quantification also has some welcome cross-linguistic implications.

目 录

第一章 绪 论 ·· 001
  1.1 研究背景 ·· 001
  1.2 具体研究问题 ·· 005
  1.3 中心假设 ·· 008
  1.4 本书结构 ·· 009

第二章 现代汉语分配量化中的几个问题 ·················· 012
  2.1 分配量化＝全称量化？ ·································· 012
  2.2 "都"的作用对象是什么？ ······························ 019
  2.3 "都"的右向关联问题 ·································· 023
  2.4 "每"和"都"的纠缠（Ⅰ）：主语位置的"每" ·········· 027
      2.4.1 "每"和否定 ···································· 032
  2.5 "每"和"都"的纠缠（Ⅱ）：宾语位置的"每" ·········· 033
  2.6 "所有"和"每"在语义上等价吗？ ···················· 037
  2.7 Yang(2001)的研究 ·· 042
  2.8 结论 ·· 045

第三章 "都"对事件的量化 ································ 047
  3.1 写在前面的话：生活中的形式语义学 ·················· 047

3.2 事件语义学 ………………………………………… 049
3.3 研究模型：代数语义学与集合论的比较（具体见附录）
   ……………………………………………………… 052
3.4 隐性量化域限制变量 ……………………………… 053
3.5 匹配关系 …………………………………………… 055
3.6 "都"的事件量化的语义组合 ……………………… 058
3.7 结论 ………………………………………………… 061

第四章 分配量化：新的分析 ………………………… 062
4.1 引言：再说"都"和"只" ……………………………… 062
4.2 匹配关系的进一步细化 …………………………… 065
4.3 复数名词短语的指称 ……………………………… 069
4.4 匹配函数的进一步定义 …………………………… 076
4.5 对汉语"都量化"的新解 …………………………… 077
4.6 小结 ………………………………………………… 082

第五章 "每"和"都"：协作与分工 …………………… 083
5.1 "每"和"都"的共现约束关系 ……………………… 083
5.2 看似是集合实际上是分配的"每-CL＋NP…Num－CL
   ＋NP"句式 ………………………………………… 088
5.3 独立证据：事件量化与个体量化的分化 ………… 094
5.4 独立证据：否定的阻隔效应 ……………………… 103
5.5 和前人分析的比较 ………………………………… 105
   5.5.1 和 Lin（1998）的比较 ………………………… 105
   5.5.2 和 Huang（1996）的比较 …………………… 106

5.5.3　和 Yang(2001)的比较 ·················· 107
　5.6　结论 ························· 109

第六章　对跨语言分配量化的启发 ················ 111
　6.1　解释汉英语在表层形式上的对立 ············ 111
　6.2　两个跨语言的预测 ·················· 117
　6.3　德语中含"je"的分配量化 ·············· 118
　6.4　格鲁吉亚语 ····················· 126
　6.5　韩语中的分配标记"ssik" ·············· 128
　6.6　跨语言的变异：句法不能做什么？ ··········· 131
　6.7　结论 ························· 137

第七章　再谈"每"和"都"的问题 ··············· 139
　7.1　宾语位置的"每＋NP"所带来的问题 ·········· 139
　7.2　类型驱动的解读和"每＋NP"在宾语位置所引发的问题
　　　 ··························· 143
　7.3　可变语义类型 ···················· 150
　7.4　量词提升及其问题 ·················· 152
　7.5　语义类型转换与"每"的限定语义功能 ········· 158
　7.6　具体语义推导 ···················· 163
　7.7　来自英语的证据 ··················· 168
　7.8　结论 ························· 172

第八章　从全称量词到量化域调节限定词："所有" ······· 174
　8.1　导言 ························· 174

8.2 "所有+NP""每+NP"以及"所有+都""每+都" …… 179
 8.2.1 主语位置的"所有"和"每" …… 179
 8.2.2 "所有""每"和集合述谓 …… 183
8.3 重回分配量化:显性分配量化和隐性分配量化 …… 187
8.4 集合述谓的进一步区分 …… 191
8.5 "所有"的语义功能 …… 194
8.6 "所有+都":特征匹配 …… 198
8.7 结论 …… 199

第九章 研究总结与展望 …… 201

参考文献 …… 206

附录:代数语义学中的常用概念 …… 215

第一章 绪论

1.1 研究背景

全称量化(universal quantification)是自然语言中的普遍现象，并且内部存在异质性。在英语中，each、every、all、any 都可以表示全称量化，如(1)，它们的语义都可以通过全称量化来表示，如(2)：

(1) a. Each of the professors submitted a paper.
  b. All the professors submitted a paper.
  c. Every professor submitted a paper.
  d. Any professor can submit a paper.[①]
(2) $\forall x[\textbf{professor}(x) \rightarrow \exists y[\textbf{paper}(y) \wedge \textbf{submitted}(x, y)]]$

全称量化内部的差异该怎么解释呢？早在 1967 年，哲学家 Zeno Vendler 在一篇题为"Each and Every, Any and All"的文章

---

① 本书符号体例，*：句子不合语法；?：句子可接受性较差；*( )：如果省略括号内内容则不合语法；(*)：如果增加括号内内容则不合语法。本书有时候也会用 ♯ 表示句子不合语义解释规则。

中说：

> 全称量词，一般表示为(∀x(…x…))，在符号逻辑中被用来表示一个概称的命题。(这里的问题是，为什么)自然语言有许多方式具有同样的功能？① [The universal quantifier, commonly represented as (x)(...x...), is used in a symbolic logic to express general propositions. ... ordinary language has many devices to the same purpose.(Vendler, 1967: 70)]

从语言学的角度来说，Vendler 的提问实际上包含两类问题：

（一）对某一种自然语言而言，这些在符号逻辑上可以用同样的结构表示的"许多方式"彼此之间有何差异？它们又有何共同之处？

（二）从跨语言的角度来说，这些在符号逻辑上可以用同样的结构表示的"许多方式"彼此之间有何差异？它们又有何共同之处？

上述问题显然具有普遍性。汉语中也有很多手段表示全称量化。汉语中的"每、都、所有"等都可以表示全称量化，如(3)：

(3) a. 所有教授*(都)提交了一篇论文。
　　b. 每个教授?(都)提交了一篇论文。

---

① 括号中的内容为笔者所加。

c. 教授们(都)提交了一篇论文。
d. 任何教授*(都)(可以)提交一篇论文。

如果比较汉语和英语,可以发现,Vendler 提出的问题是具有普遍意义的:汉语和英语这两种没有任何已知的亲属关系的语言,都有一些手段表示全称量化(即 Vendler 所谓的"general proposition"),但同时,这两种语言又存在一定的跨语言变异(variation):相比于英语,汉语中的副词"都"似乎扮演着重要的角色。那么,"都"到底是什么?"都"有什么**独特**的语义共现?怎么解释同一语言中不同全称量化表示手段的差异?怎么解释跨语言的差异?

在当代语言学文献中,上面问题虽然历年来有很多讨论,但研究者们仍然没有取得共识。过去的 20 多年来,语言学家虽然在探索自然语言量词的逻辑属性方面取得了长足的进展(比如广义量词理论),却很少有专注于自然语言中的全称量化和分配量化的专题研究。从现代汉语来说,现存很多分析一般都认为"都""所有"和"每"都表示概称,都能在谓词逻辑中表示为 $\forall x\,(\cdots x\cdots)$,属于全称量化词[见徐颂列(1998);邹崇理(2002)等]。但是,实证的语料考察表明,"都""所有"和"每"具有完全不同的分布和迥异的语义表现。从以解释为目的的语言学研究而言,我们更关心的问题如下:

(一)现代汉语中的"都""所有"和"每"一般都认为表示总括,引出一个概称的命题。他们所引出的概称的命题在符号逻辑中可以用同样的结构表示,这是不是说明他们之间没有区别?

(二)实证的语料考察表明,"都""所有"和"每"在语义表现和句法分布上是迥异于彼此的。它们之间的纠结何在？

（三）在这"同"与"不同"的背后，可否蕴含着某些普遍的原则？

就汉语语言学来说，上面的几个问题既古老又年轻。古老是因为相关的现象早已为研究者所注意到，并且有了大量的、从各个不同的角度进行的讨论；年轻是因为随着讨论的深入，我们对相关问题和现象的认识不断加深，新的问题不断产生。那么，有没有可能，跳出现象本身（在某种意义上），用更普遍的语义机制来解释相关现象呢？我们认为，这是完全可行的。除了用更普遍的语义机制来解释相关问题之外，我们还坚信，从普遍语法的角度来看，从汉语中所得出的结论，只要是充分而且正确的，一定具有跨语言的普遍意义。哲学家 Vendler 的问题，或可能从汉语语法中的某些疑难的问题的探索中得到启发。

本书坚持一种普遍共性与特定语言个性相结合的语言研究观。这一种观点反映在语义学领域，体现为**语义学的"普遍语法"与跨语言比较语义学之间的关系**。长期以来，在比较语义学中，存在一种过分天真简单的功能语法的思想：自然语言的差异纯粹是同样语义功能的不同词汇实现。我们将看到，即使是分配量化的跨语言变异，都不是这么简单的。词汇实现纯粹是偶然，并没有太多的理论的意义。语义变异，如同句法变异一样，是普遍语法探索中的重要环节。换言之，语义同句法一样，均受限于普遍语法。我们所谓的语义的普遍语法，可能只由两个部分组成：(1) 一套共用的语义"建筑材料"；(2) 高度限制的组合这些"材料"的原则。任何一点组合方式上的差异，哪怕只是一点小小的差异，都可能对整个系统造成"蝴蝶效应",而导致表象上巨大的差异。我们希望,这个基于混沌理论(chaotic theory)的有关语言变异的思路,也同时可以应用到自然语言的分配量化上来。从这一点上说,分配量化是可以让我们进一步探索自然语言语义变异的共性与个性的本质的一扇窗口。本研究若能在这个方面给出一些启示,不管多么微小,都是一种进步。

1.2 具体研究问题

分配量化的问题有重大的研究价值,这不仅仅是因为分配量化(尤其是"都"量化)是现代汉语语法的热门话题,更因为尽管在过去的 30 多年里,有许多研究者围绕相关主题做了大量的工作,并且也不乏真知灼见,但很多的具体实证问题依然没有得到很好的处理。我们对汉语分配量化的认识,也是一个不断加深的过程。每一种新的理论和分析手段的出现,都导致我们对相关问题的进一步认识,同时也引发了新的问题。从这个意义上说,现存的对现代汉语中以"都"量化为关注点的分配量化研究,有两个方面还值得更进一步的研究:(1) 实证方面:新的分析手段引发了对原有现象的新的思考,但是,也引发了新的问题。我们将指出,现存的分析手段并不能充分解释相关语言现象;(2) 理论方面:每一种新的分析手段的出现,都是基于对新的事实的发现或者原有事实的新的认识。自然语言语义学的中心理论之一"广义量词理论"就是这样产生和发展的。就汉语来说,虽然很多的分析手段被及时地应用到了汉语的具体问题中来,但是,总的来说,因为汉语和当前主要分析手段所主要关注的印欧语言(如英语)在表象上的差异,这些应用并不总是非常成功的。不成功的应用的可能原因之一就是这些分析工具并不完全适合汉语。从理论上来说,植根于汉语,同时具有普遍语法视角的分析手段同样具有比较语义学的意义。分配量化在汉语语义现象中具有重要的地位,这使得汉语语义学为丰富现有的语言学理论的内涵和外延做出贡献成为可能。

从具体问题来说,当前还有几个突出的问题需要进一步的研究:

(一)"都"量化和标准的全称量化之间的关系

以往的很多研究(包括传统语法研究和部分当代形式语义学的研究),都把"都"看作表示总括作用的全称算子。这种提法,从描写而言固然没有大的问题,但从理论角度而言,这种处理模糊了"都"量化和标准的全称量化之间的对立(关系)。很多语言事实表明,"都"量化不是标准的全称量化。这中间的关系,还需要进一步地厘清。

(二)"都"对事件的量化

对于汉语的分配量化来说,提出"都"是一个分配算子而不是简单的全称量词具有重大的意义;但是,这一分析并不能充分处理"都"对事件的量化问题。要充分处理"都"对事件的量化,我们同时还需要考虑:(1)语义学/语用学接口的有关条件(隐性的量化域限制在汉语中所处的不同的地位);(2)高阶的函数量化(斯科林的函数量化方式能更好地刻画相关语义现象);(3)自然语言的代数结构等问题。应该说,对这些因素的形式化表述是现存的分析所缺乏的。

(三)"每"与"都"的纠缠

这是现代汉语语义学中一个"古老"而"年轻"的问题。这里面的几个具体问题有:(1)"每"在主语位置的问题:"每"在主语位置出现的时候,要受到高度的限制(大多数情况下,"都"是必须出现的);但是,当"每"出现于宾语位置时,基本上可以不受限制。(2)"每"在主语位置上出现,并不总是需要"都"的陪同;有的时候,"每"可以独立出现。(3)为什么汉语中"每"和"都"会有这样的分布? 就我所知,相关的现象虽然早有研究者注意到,文献中却一直缺少充分的理论阐释。(4)"每"的主宾不对称问题:我们知道,当"每"在主语位置出现时,要受到诸多限制,大多数情况下需要"都"(或者"也")的伴同,而"每"在宾语位置出现时,相对自由很多。从理论上来说,"每+NP"在宾语位置出现,而没有导致辖域歧义,是对现有的一些语义学理论的挑战,如广义量词理论,语义类型论和量词提升理论。这使得"每"的主宾不对称问题具有重要的理论意义。

(四)"都"的统一分析和分配量化的具体语法实现问题

我们讨论"都",如果只就"都"来谈"都",不可避免地会陷入循环论的陷阱。如果要充分讨论"都"量化,一个值得探索的问题是:为什么有"都"量化? 这个问题可能和分配量化的具体语法实现有关。如果分配量化是自然语言中的某种重要的手段(参见哲学家 Vendler 的原话),那么它的具体词汇实现并不具备太多的理论意义。真正有意义的是分配量化到底是什么? 它背后有什么样的语义机制? 自然语言在这一点上的真正分歧何在?

(五)"所有"和"都"

传统和许多现存的分析都认为现代汉语的"所有"是一个全称量词。更多的语料考察表明,"所有"和典型的全称量词的表现迥然不同。相关的现象表明,我们不仅仅需要理清一些经常混淆的概念,如分配量化和全称量化,还需要考虑得更为深远。我们期望,本研究所提到的中心假设,也能够解决(或至少有助于回答)这个相关的问题。

本研究的一个中心任务就是就上面提到的问题(有些是表面上看起来不相干的)给出一个统一的解释。如果本研究能够引起研究者对相关问题的进一步的思考,就是一种贡献。

1.3 中心假设

通过考察新的语料和"都"对事件的量化,本书就"都"量化、现代汉语中"每"和"都"的纠缠和其他形式的分配量化提出了一个新的分析思路。本研究的中心假设是:

自然语言分配量化的假设(Hypothesis on Distributivity in Natural Languages,HDNL)

自然语言的分配量化包含双重量化:标准的全称量化($\forall$)加上(匹配)函数量化 π。

匹配函数(Matching Function,MF)

设 A 和 B 是集合,$\pi: \wp(A) \times \wp(B)$ 是一个匹配函数当且仅当

(a) $\forall x \in \{X: X \subseteq \wp(A)\} \exists!y \in \{\Delta: \Delta \subseteq \wp(B)\} \to \pi(x) = y$ (distinct condition)

(b) For any elements x and y of X, $x \leqslant y \Rightarrow \pi(x) \leqslant \pi(y)$ (order-preserving)

(c) $\forall x_1, x_2 \in X: x_1 \neq x_2 \Rightarrow \pi(x_1) \neq_T \pi(x_2)$ (one-to-one mapping)

(d) Undefined otherwise

这个基于函数量化的思路,将被证明不但可以解决"都"的事件量化问题,同时还可以解释现代汉语中其他看似不相干的问题,如"每"与"都"的问题。这个思路还具有理论上的意义:(1) 它丰富了现有的标准的广义量词的理论内涵;(2) 有助于我们深入探讨自然语言中分配量化的本质和其背后所涉及的语义机制。我们还将证明,这个思路具有跨语言的普遍价值。

1.4 本书结构

本书分为九章。

第一章是绪论部分。主要交代研究背景及研究意义。

在第二章中,我将交代现代汉语分配量化中5个古老而年轻的问题,分别是:(1)"都"量化和标准的全称量化之间的关系问题。(2) 现有的分析思路为何不能处理"都"对事件的量化现象。(3) 主语位置的"每+NP"及其相关现象,现有的很多研究都指出,"每+NP"在主语位置出现时,不总是需要"都"的伴随。那么,"每"与"都"的共现关系该如何解释?当"每+NP"在主语位置时,什么样的理论能够充分预测到"都"可以出现,一定要出现?(4)"每"的主宾不对称问题。与"每"在主语位置不一样,"每"可以自由地出现在宾语位置。这对基于英语的各种解释辖域现象的理论来说,是一个挑战。这个问题,还同时具有比较语义学的价值。(5)"所有"的语义贡献。以往的研究大多把"所有"看作是全称量词,事实表明,这种分析过分简单。同"每"不一样的是,"所有+NP"出现在主语位置时,一般需要"都"的伴随。虽然他们的真值语义,都可以用同样的逻辑式来表示。这"同"与"异",直接和哲学家 Vendler 的问题相关。

接下来的几章分别就上面提到的问题展开讨论。我们的目的是就上面一些看起来不相干的现象,给出一个统一的解释,同时,揭示自然语言分配量化背后的语义机制,从而有助于我们进一步了解逻辑与自然语言之间的关系。

第三章主要讨论"都"对事件的量化。我们将看到,现有的将"都"分析为分配算子的思路不能充分处理"都"对事件的量化。要充分处理"都"对事件的量化,我们还需要赋予分配量化更多的语义结构。就汉语来说,我们至少还需要考虑两点:(1) 隐性量化域限制的作用(implicit domain restriction);(2) 斯科林化的匹配函数(Skolemized Matching Function)。只有把这两个因素考虑进去,"都"对事件的量化才能得到比较充分的解释。

第四章是本书的中心部分。结合第三章的讨论,我将提出一个关于分配量化的全新的思路,即分配量化具有双层的语义结构:标准的全称量化+斯科林匹配函数量化。这个新的分析思路,将被证明可以应用于处理汉语语义学中几个古老的难题。

第五章简要说明这个关于"都"的分析思路,不会和现有的很多研究成果发生根本的冲突。一些现象,可以直接沿用这个新的分析思路,而不改变其解释力和语料覆盖力。与此同时,通过假设"都"和"每"作为分配量词(注意,是"作为",不是"是")时存在分工,来揭示一些具体的语言现象。我们认为,"每"作为分配量词时,只包含一个从个体到个体的映射;而"都"则包含与事件有关的映射。

第六章从跨语言的角度来证明本书的分析。通过对比考察德语、格鲁吉亚语、韩语以及英语中的分配量化情况,我们发现虽然这些语言的表层都和汉语不一样,他们都受制于同样的深层的机制。德语中的"je"可以量化事件和个体;韩语中的分配标记"ssik"也有同样的功能;格鲁吉亚语中的分配量化(操作)也能同时对个体和事件进行量化。这些跨语言的证据,进一步证明了本书的分析的可靠性。

第七章讨论宾语位置的"每+NP"及辖域理论。我们将提到,汉语的"每"之所以不同于英语,在分布上存在主宾不对称的现象,是因为汉语中存在一个不同于英语的语义组合规则:iota-转换。正是 iota-转换的存在,使得"每+NP"有了主宾不对称的分布,使得宾语位置的"每+NP"系统性地缺少辖域歧义。这个分析思路,还具有比较语义学的价值:很多我们认为归属于句法或者词库的自然语言之间的差异,实际上可能是语义变异。差异不来自句法,也不来自词库,而是因为不同的语言选择了不同的语义组合原则。涉及英汉语之间有关辖域的差异,这个思路更具有解释力。我们希望这个课题可以在以后的研究中得到进一步的论证和阐述。

第八章讨论"所有"的语义贡献。虽然在符号逻辑中,"所有""每"和"都"都通常可以用一个共同的符号来表示,它们的语义贡献各不相同。我们将提到,虽然目前的绝大多数学者都认为"所有"是一个全称量词,"所有"实际上的语义贡献是调节量化域。换言之,"所有"只是一个量化域调节语(domain regulator)。这个思路,在某种意义上,回答了本书最前面部分哲学家 Vendler 提出的问题。

最后是结论,在回顾本书主要观点的基础上,展望未来研究方向。

第二章　现代汉语分配量化中的几个问题

近年来,现代汉语中的分配量化问题,尤其是"都"量化问题和"每"与"都"的共现问题,引起了不少研究者的关注。但是,一些问题依然没有得到很好的解决。要对分配量化问题给出一个合理的解释,依赖于两个方面的突破:(1)新的事实的发现;(2)基于新事实的新分析手段。新的分析手段的另一个优点是可以将一些看似不相干的现象联合起来,并给予统一的解释。这些将构成本研究的主题。

2.1　分配量化＝全称量化？

设集合 D＝{张三,李四,王五},如果他们三个一起做了一道菜,如图 2-1 所示,则下面的(1a)为真,(1b)为假;如果他们各自做了一道不同的菜,如图 2-2 所示,则(1a)和(1b)都为真:

(1) a. 张三,李四和王五做了一道菜。
　　b. 张三,李四和王五都做了一道菜。

图 2-1　集合解读

图 2-2　分配解读

在传统汉语语法中,"都"被看作起总括作用的副词[见吕叔湘等主编《现代汉语八百词》;徐颂列(1998);邹崇理(2002)]。纯粹从描述角度而言,这个观点是没有问题的,因为在(1b)中,"都"确实是起了"总括"的作用,使得集合内的每个成员都具备"做了一道菜"属性。有些研究者也因此把"都"看作是全称量词(universal quantifier)[见 Cheng(1996)等]。但是,虽然(1a)中没有"都"这样的副词存在,总括/全称量化的效果依然存在,即表达集合内的每个成员都具有"做一道菜"的属性。所以上述提法很容易模糊标准的全称量化和"都"量化之间的关系。与之相对的是,(1b)缺少了如图 2-1 所示的解读。(1a)和(1b)的对立,说明了下面两个逻辑式在真值条

件上的关系:

(2) a. $\{a, b, c\} \subseteq R \ (\equiv \exists X \ (X= \{a, b, c\} \rightarrow R(X)))$
b. $a \in R \wedge b \in R \wedge c \in R \ (\Rightarrow \forall x \ (x \in \{a, b, c\} \rightarrow Rx))$ 但是,$\exists X \ (X= \{a, b, c\} \rightarrow R(X)) \not\Rightarrow a \in R \wedge b \in R \wedge c \in R$

很明显,(1a)的语义可以表示为(2a)和(2b)两个逻辑式,而(1b)却只能表示为(2b)。考虑到两者都有"总括"含义的事实,我们不能回避一个问题:为什么加了"都",反而少了一种"总括"/"全称量化"的意义?"都"的语义贡献是什么?

如果我们考察更多的语料,便会发现"都"和标准的全称量化之间的对立是系统性的。

自然语言中,有些谓词只能作用于原子的个体(如"睡觉""做梦"等),有些谓词,只能作用于集合(如"抬""聚集""包围"等),有些谓词既可以作用于原子的个体,也可以作用于集合(如"写论文""搬钢琴"等)。为了便于说明,我们暂且把这三类谓词分别称为原子谓词、集合谓词和中性谓词[有关谓词的这种分类方法,可见 Winter (2000)]:

(3) 谓词类型　　　例子
　　原子谓词　　　睡觉、做梦、走路……
　　集合谓词　　　抬、聚集、包围……
　　中性谓词　　　写论文、搬钢琴、做菜……

我们前面提到的例子(1a)中的谓词是中性谓词,谓词可以作用于原子的个体,也可以作用于集合,这便是(1a)有歧义的原因。进一步考察发现,不同类型的谓词和标准的全称量化、"都"量化之间有着系统性的、整齐的对应关系。

标准的全称量化

(一) 中性述谓

(4) a. 这三个学生读了一本书。(有歧义)
　　b. 这三个学生买了一辆车。(有歧义)
　　c. 这五个学生写了一份报告。(有歧义)

(5) a. ? 这三个学生读了一本不同的书。(集合解读)
　　b. ? 这三个学生买了一辆不同的车。(集合解读)
　　c. ? 这五个学生写了一份不同的报告。(集合解读)

(二) 分配述谓

(6) a. ? 这三个学生(在各自的家里)吃了早饭。(分配解读)
　　b. ? 这三个学生做了一个梦。(分配解读)
　　c. ? 这五个学生戴了一副眼镜。(分配解读)

(7) a. 这三个学生(在各自的家里)吃了(一顿不同的)早饭。
　　b. 这三个学生做了一个不同的梦。
　　c. 这五个学生(各自)戴了一副不同的眼镜。

(三) 集合述谓

(8) a. 这三个学生聚集在一间教室里。(集合解读)
　　b. 这三个学生包围了一个不让他们及格的老师。(集合解读)
　　c. 这五个学生一起抬了一架钢琴上楼。(集合解读)

(9) a. *这三个学生聚集在(一间)不同的教室里。
　　b. *这三个学生包围了(一个)不同的不让他们及格的老师。
　　c. *这五个学生一起抬了一架不同的钢琴上楼。

"都"量化
(一) 中性述谓

(10) a. 这三个学生都读了一本书。(分配解读)
　　 b. 这三个学生都买了一辆车。(分配解读)
　　 c. 这五个学生都写了一份报告。(分配解读)

(11) a. 这三个学生都读了一本不同的书。(分配解读)
　　 b. 这三个学生都买了一辆不同的车。(分配解读)
　　 c. 这五个学生都写了一份不同的报告。(分配解读)

(二) 分配述谓

(12) a. 这三个学生都(在各自的家里)吃了早饭。(分配解读)
  b. 这三个学生都做了一个梦。(分配解读)
  c. 这五个学生都戴了一副眼镜。(分配解读)

(13) a. 这三个学生(在各自的家里)都吃了(一顿不同的)早饭。
  b. 这三个学生都做了一个不同的梦。
  c. 这五个学生(各自)都戴了一副不同的眼镜。

(三) 集合述谓

(14) a. ?? 这三个学生都聚集在一间教室里。
  b. ?? 这三个学生都包围了一个不让他们及格的老师。
  c. ?? 这五个学生都一起抬了一架钢琴上楼。

(15) a. *这三个学生都聚集在(一间)不同的教室里。
  b. *这三个学生都包围了(一个)不同的不让他们及格的老师。
  c. *这三个学生都一起抬了一架不同的钢琴上楼。

上面的这些现象,不但说明了简单地把现代汉语中的"都"处理为全称算子/量词[见 Cheng(1996)]是不充分的,也说明了分配量化相对于标准的全称量化而言,有更丰富的语义结构。我们更关心的是,相比于标准的全称量化,"都"量化所"多出"的语义内容究竟是什么?自然语言语义学如何能够证明下面的逻辑关系的成立?

(16) $a \in R \wedge b \in R \wedge c \in R (\Rightarrow \forall x (x \in \{a, b, c\} \to Rx))$ 但是, $\exists X (X= \{a, b, c\} \to R(X)) \not\Rightarrow a \in R \wedge b \in R \wedge c \in R$

上面的现象所揭示的全称量化和"都"量化所代表的分配量化的对立问题,语言学家不是没有讨论过,Gil (1995:326)提了一条关于"全称量词"和"分配量词"之间关系的重要原则。

> 普遍原则:如果一个量词是分配性的,那么它也是全称性的(If a quantifier is distributive-key, it is also universal)。

换言之,分配量词一定是全称量词,但是,不是所有的全称量词都是分配量词。它们之间到底有怎样的关系?我们认为,这些概念上的厘清对于我们进一步了解汉语量化的本质,是非常重要的。这不仅仅是一个"正名"的问题,而且长久以来,因为概念的混淆,直接影响到我们对相关问题的进一步认识。

逻辑和自然语言的关系,千百年来一直困扰着人类历史上那些最聪明的大脑。现代汉语"都"量化背后的机制,我们到现在并没有完全清楚。如果我们把这个问题和逻辑与自然语言的关系这个古老命题联系起来,是不是有可能带来某些新的思路呢?人类在不同的历史阶段,都在刷新着对一些古老的命题的看法;语言学家对"都"的认识,也不外如是。

2.2 "都"的作用对象是什么?

回到(1)的例子。如果张三和李四一起做了一道菜,李四和王五一起做了一道菜,张三和王五一起做了一道菜(如图2-3所示),在这样的情景下,(1a)和(1b)哪句为真,哪句为假?

(17) a. 张三、李四和王五做了一道菜。
  b. 张三、李四和王五都做了一道菜。

图2-3 基于覆盖的解读

上面的情景可以用下面的逻辑式来表示:

(18) {张三,李四}⊆R∧{李四,王五}⊆R∧{张三,王五}
  ⊆R(R = [[做了一道菜]])

但是,下面的逻辑关系是否成立呢?

(19) {张三,李四}⊆R∧{李四,王五}⊆R∧{张三,王五}
  ⊆R?⇔{张三,李四,王五}⊆R

值得注意的是,{张三,李四,王五} = {张三,李四} ∪ {李四,王五} ∪ {张三,王五}。考虑到自然语言的情况,我们很容易得出,(19)的关系是不成立的。是逻辑和自然语言的再一次"拉郎配",还是事出有因?以往的文献给了我们一些启示。

过去的十多年来,一些研究者借鉴"分配算子"的概念[最早见 Dowty & Brody (1984),稍后的发展见 Schwarzschild (1992,1996) 等],认为汉语中的"都"是一个词汇化的,基于"覆盖"的分配算子[见 Lin (1998); Yang (2001); Tomioka & Tsai (2005) 等]。Lin (1998)给出了"都"如下的语义:

$$(20) [[都]] = \lambda P \lambda X \forall y [y \in X \wedge y \in [[Cov]] \rightarrow P(y)], \text{ where } P \in D_{<e,t>}$$

(20)的语义克服了以往基于原子个体的分配算子的问题。从句法上来说,这样的算子的论元是一个谓词。Link(1998:19)给出如下分配算子的语义:

$$(21) \text{DIST}(P) \leftrightarrow \forall x [P(x) \rightarrow AT(x)] \quad (AT = atomic)$$

结合汉语的现象,(21)很难刻画下面句子的语义:

(22) a. 他们都是同乡。　　(比较:*张三是同乡。)
　　 b. 他们都是夫妻。　　(比较:*张三是夫妻。)

如果认为"都"是一个广义量词,是一个从谓词到一个基于覆盖的集合的函数的话,(22)可以得到刻画。这里"都"的分配对象不再是原子的个体,而是集合 D 上的覆盖集合 C(D)。

(23) C 覆盖 A(或 C 是 A 的覆盖集合)当:
 (i) C 是 A 的子集的集合(C is a set of subsets of A)。
 (ii) 每个 A 中的成员属于 C 中的某个集合(Every member of A belongs to some set in C)。
 (iii) C 不含空集($\emptyset$ is not in C)。

换言之,一个集合的覆盖集合是这个集合的除去空集的幂集(POW(D)-$\emptyset$)。设集合 A = {a, b, c},则它的覆盖集合 C 是:

C = {{a}, {b}, {c}, {a,b}, {a,c}, {b,c}, {a,b,c}}
A = $\bigcup$ C

这样一来,(22a-b)的语义就可以得到刻画了:

(24) [[他们都是同学]]
 = $\exists X \ \forall y \ [(y \in [[\text{Cov}]] \ \& \ y \in X) \rightarrow y \in \text{BE-CLASSMATES}]$
(25) [[他们都是夫妻]]
 = $\exists X \ \forall y \ [(y \in [[\text{Cov}]] \ \& \ y \in X) \rightarrow y \in \text{BE-HUSB-AND-WIFE}]$

但是,这个基于覆盖的分析天生存在概括过分(over-generating)

的问题,有的时候无法充分地刻画含有"都"量化句子的语义[有关英语的讨论,可见 Link (1998b)、Lasersohn (1998)等]。设 D={法国,中国,埃及,巴西,美国,南非},根据这个分析,下面的两个句子应该有相同的真值条件,而且都应该为真[详细的讨论见郭锐、罗琼鹏(2009)]:

(26) a. *每个国家都在同一片大陆上。
 b. ♯这些国家都在同一片大陆上。
 Cov(D) = {{法国,中国},{埃及,南非},{美国,巴西}}
 D = ⋃ Cov(D)
 因为:{法国,中国} ∈ 同一片大陆,{埃及,南非} ∈ 同一片大陆,{美国,巴西} ∈ 同一片大陆
 所以,∀y (y ∈ Cov(D) → 同一片大陆(y))

但是,实际上并不是这样。(26a)不可接受(原因需要另外解释,见下面的讨论),(26b)在我们现在所处的世界中为假。把"都"处理为基于覆盖的分配算子就会错误地得出(26b)为真。要避免上面的问题,唯一的出路是不把"都"处理为基于覆盖的分配算子。

同样说明问题的还有下面的例子:

(27) ♯拿破仑、威灵顿和布鲁克在滑铁卢都指挥了一支军队。

我们的历史知识告诉我们,在滑铁卢,拿破仑独立指挥了一支军队,威灵顿和布鲁克联合指挥了一支军队。如果"都"是基于覆盖的分

配算子的话,(27)应该为真,因为 D=∪{{拿破仑},{威灵顿,布鲁克}} = ∪ Cov(D)。

上面简单的讨论说明,引入覆盖集合的概念,把"都"分析为一个基于集合之集合的分配算子,有时候也无法精确地刻画句子的真值条件。问题的根源在于,现有的文献依然没有说明清楚,"都"的作用对象到底是集合之集合还是一个代数结构。虽然很多时候集合之集合同构于代数结构,它们之间的区别仍具有语言学上的意义。本研究下面会提到,用代数结构来取代集合的概念,可以避免上面提到的问题。

2.3 "都"的右向关联问题

把"都"简单地看成基于个体的分配算子,并不能刻画"都"的核心语义。试看下面几个句子:

(28) 我都上北大网。[①]
(29) 我都买呢子的衣服。

现有的分析基本上都坚持"都"是作用于个体的算子(不管是全称算子还是分配算子)。蒋严(1997)和潘海华(2006)都提到,(28)和(29)不同于一般的"都"量化的情形:因为在(28)和(29)中,"都"的量化作用对象不是单纯地由句法的表层结构提供。在蒋严那里,(29)的量化作用对象是由语用/语境的预设和断言来提供的;在潘海华那

[①] 这个例子,最早来自王洪君老师。谨在此致谢,感谢她引起我对这类现象的重视。

里,是由"焦点/话题"的分立来提供的。但是,他们都一致地认为,(29)有下面的语义(真值条件):

(30) $\forall x [I\ BUY\ x\ \&\ CLOTHES(x) \rightarrow x = WOOLEN\ CLOTHES](=(29))$

按照这个观点,(28)应该有下面(31)的语义:

(31) $\forall x [I\ VISIT\ x\ \&\ WEBSITE(x) \rightarrow x = PKU\ MAIN\text{-}PAGE](=(28))$

换言之,在(28)和(29)这样的例子中,"都"的作用相当于"只"。很显然,蒋严和潘海华的分析都没有成功地刻画(28)和(29)这样的句子的语义。考虑下面的场景:

(32) 买衣服场景:张三在过去的每个周末都买衣服。一共有10个周末。其中的8个周末他买了呢子的衣服,剩下的2个周末他买了呢子的衣服和纯棉的衣服。

表达式(30)会预测到,(29)在(32)的场景中会为假。事实却并非如此[1]。问题何在?

实际上,不管是蒋还是潘,不管他们用什么办法来给出"都"的作用对象,他们都忽略了一点,(28)和(29)这样的句子所涉及的,不

---

[1] 我调查的对象都认为,给出(32)的场景,(29)仍然为真。这说明,(29)的语义不能表达成(30)。

是普通的基于个体(individual)的量化,而是事件量化(event quantification)。个体量化可以通过事件量化推导出来,反之则不然。(28)和(29)体现了"都"的事件量化,还有下面四个证据:

证据Ⅰ:"都"和阶段谓词(stage-level predicate,SLP)/个体谓词(individual-level predicate,ILP)

一般认为,个体谓词不含事件变量,因而,量化事件的谓词不能与之共现[见 Kratzer(1995)、de Swart(1993)等]。"都"也有同样的限制:

(33) a. *张三都很高。
　　　b. ?张三都表现很乖。

"很高"和"表现很乖"的区别之处在于"很高"是个体谓词,表示一种相对稳定的、内在的属性,而"表现很乖"是阶段谓词,表示一种相对不稳定的、瞬时的属性。(33a)与(33b)的对立表明,"都"量化事件时,与别的事件量化算子无异。

证据Ⅱ:"都"与一次性完成谓词

自然语言中有很多谓词,比如"烧完",表示一种一次性完成的属性。一封信一旦烧完,不能再烧。因为事件量化必然涉及复数事件,我们可以预测到,"都"与这样的一次性完成谓词不能兼容。下面的例子说明了这一点:

(34) a. *这里,刮风的时候都打破这块玻璃。
　　　b. 这里,刮风的时候都打破玻璃。

"打破玻璃"中的宾语是光杆的,在这里可以理解为非具体的玻璃。相反地,"打破这块玻璃"中的"玻璃"是具体的,一旦打破,常理下不能再次被打破,不可能构成复数性的事件。如果"都"是量化事件的话,(34a)的不可接受在预测之中。

证据Ⅲ:"都"与"片断性"(episodic)和"非片断性"(non-episodic)的区分

片断性的事件都是一次性的,不是复数的;与之相反,"非片断性"的事件是复数性的。根据前面的假设,我们预测到,"都"与表示片断性事件的句子不能相容。事实如此:

(35) a. 我都买呢子的衣服。(非片断性,习惯性的事件)
 b. *我都买过呢子的衣服。(片断性,一次性事件)
(36) a. 我都读名作家写的书。(非片断性,习惯性事件,可多次发生)
 b. *我都读过(了)著名作家写的书。(片断性,一次性事件)

证据Ⅳ:"都"与修饰复数性事件的时间状语

(37) a. 我{一直/总是/从来}都买呢子的衣服。
 b. *我{一直/总是/从来}买过呢子的衣服。
(38) a. 我{一直/总是/从来}都读著名作家写的书。
 b. *我{一直/总是/从来}都读过著名作家写的书。

结论:除了量化个体的"都",现代汉语中似乎还存在一个量化事件的"都"。"都"对事件的量化不能看成是"都"对个体的量化的一个特例。

那么,我们能不能直接引入"事件"的概念来刻画"都"对事件的量化呢?答案是否定的。如果我们只是引入事件的概念,就(28)这样的例子而言,我们会得到下面的逻辑表达式:

(39) $\forall e \, [\text{I VISIT WEBSITE}(e) \rightarrow \text{I VISIT PKU MAIN-PAGE}(e)] \, (= (28))$

(39)和(31)在真值语义上是等价的。如果只是直接地引入事件变量,在面对类似(32)这样的场景时,我们依然会有问题。那么,这看似不同的两个"都"——一个量化事件,一个量化个体——到底体现了自然语言量化什么样的性质?他们能不能给予统一的处理?在给出我的答案之前,我们先来看现代汉语中的另一个难题:"每"和"都"的共现问题。一个理想的分析,应该可以将一些看似不相关的问题结合起来,并给予一个统一的解释。

2.4 "每"和"都"的纠缠(Ⅰ):主语位置的"每"

"每"和"都"的共现问题首先具有理论上的意义。广义量词理论认为,量词都是从集合到集合之集合的函数。以"every man comes"为例,"every"可以被看作是这样一个广义量词,它的第一个论元由"man"提供,第二个论元由谓词性成分"comes"提供。"every man comes"为真当且仅当前者是后者的一个子集:

(40) a. Every man comes.
    b. Every A B ↔ {<A, B> ∈ ℘(E) × ℘(E): A ⊆ B}
       [[every]] = λP λQ[P ⊆ Q]
    c. [[man]] ⊆ [[come]]

回到汉语,我们发现汉语中的"每"和"都"都有类似英语中的"every"的语义功能。如果"每"和"都"之间没有任何纠葛,问题不会出现。这里的问题是,当"每"位于主语位置时,"都"通常是必须出现的:

(41) a. 每个人 * (都)来了。
    b. 每个学生 * (都)喜欢看这部电影。

现有的分析一般把现代汉语中的"都"看作是一个广义量词。(41)似乎告诉我们,现代汉语中的"每",不能简单地与英语中的"every"画上等号。虽然还有一些逻辑学家继续认为汉语中的"每"是一个广义量词[见邹崇理(2002)],但很多语言学家都不这么分析。Lin(1998)把"每"处理为广义的并集算子,认为"每"的语义功能是取一个集合,然后返回这个集合的最大并集。

(42) Lin(1998)的解决方案:
    $[[mei\text{-}(cl)]]$ = that function f such that for all P∈ $D_{<e,t>}$, $f(P) = \bigcup [[P]]$ (p.238)

这个做法显然是有问题的。回到我们前面提到(26a)的例子。

根据(42)的分析,(26a)应该可以接受,而且为真。让 D = {法国,中国,南非,埃及,美国,巴西},∪[[D]] = ∪{{法国,中国},{南非,埃及},{美国,巴西}}。因为"都"是基于覆盖的算子,<法国,中国>∈同一片大陆,<南非,埃及>∈同一片大陆,<美国,巴西>∈同一片大陆,(42)会认为(26a)[复制为下面的(43)]为真。但是,(43)不但在这样的语境下不能为真,本身还不可接受。这不是(42)所期待的结果。

(43) *每个国家都在同一片大陆上。

Lin的分析还面临其他的问题。首先,他没有解释为什么在(41a-b)这样的句子里,"都"必须出现;其次,现代汉语中的"每",有时候并不总是需要"都"的伴随,可以独立地出现,且能引出全称量化。Huang(黄师哲)(1996,2005)注意到,当含有"每"的句子的宾语是无定名词短语或者反身代词时,"都"可以不出现:

(44) a. 每个女孩唱了一首歌。[Huang (1996:33)]
　　 b. 每个候选人谈了谈自己。(ibid:34)

Huang还注意到,当宾语位置的名词性成分是限定名词短语或者专有名词时,"都"必须出现:

(45) a. 每个男人喜欢一个女人。
　　 b. 每个男人*(都)喜欢这个女人。

基于上面的分析，Huang 提出，现代汉语中的"每"就是一个全称量词，而"都"是对事件运作的加合算子（sum operator）。与英语不同的是，由"每"引导的全称量化还有一个额外的要求：

(46) Huang(1996)的解决方案：
"每"是一个斯科林化的全称量词，它要求在它的辖域内有一个词汇化的变量来允准这样的斯科林化的全称量化；"都"是基于事件的加合算子。(pp. 25—39)

根据这一观点，(45a)和(45b)唯一的区别在于在(45a)中，"每"的辖域内包含一个变量（由无定名词短语"一个女人"引出），而在(45b)中，"这个女人"不引出变量。前者允准了斯科林化的全称量化，后者不能。同理，在(44a-b)中，无定名词短语和反身代词分别引出了一个变量来允准这样的斯科林化的全称量化。

这一分析也面临一定的问题。首先，这一分析是高度规定性的(stipulative)，缺乏更多的独立的理据支持。其次，这一分析不能涵盖所有的语言事实。这一分析预测到，"每"不能在宾语位置上出现，因为当"每"出现在宾语位置时，"每"的辖域内将不会有词汇化的变量出现[现代汉语是辖域冻结（scope frozen）语言，不存在辖域歧义，也不存在量词提升这样的操作]。事实上，"每"可以自由地出现在宾语位置：

(47) 有一个人读了每本关于汉语量化的博士论文。
可能的解读：∃>∀
不可能的解读：∀>∃

(47)不允许"每本博士论文"相对于主语位置的"有一个人"取宽域。如果"每"是一个斯科林化的全称量词,它在(47)里如何得到允准是一个问题。值得注意的是,林若望的分析虽然不能处理(44)—(45)的问题,却可以处理(47)中的"每"。

基于前面这些讨论,Luo(罗琼鹏)(2008,2009)提出了一个不同的思路。通过考察"每"和不同类型的量词短语之间的关系,罗首先给出了现代汉语中"每"和"都"的分布规律,如表 2-1,相关例子如(48)。

表 2-1 现代汉语中"每"和"都"的分布

	EVERY	汉语	英语	备注
I	[每-cl NP] [$_{VP}$ V [NP indefinite NP]]	√	√	indefinite NP = one man, three men, etc.
II	[每-cl NP] [$_{VP}$ V [NP definite NP]]	*	√	definite NP = Det + NP
III	[每-cl NP] [$_{VP}$ V [NP indefinite NP]]	?/?	√	indefinite NP = more than three, less than five, etc.
IV	[每-cl NP] [$_{VP}$ VP]	*/??	√	VP = intransitive
V	[每-cl NP] [都 [VP]]	√	NA	VP = V + Indefinite NP (I & II), VP = V + definite NP, VP = intransitive VP, etc.
VI	[indefinite NP [VP [V 每-cl NP]]]	√	√	

(48) a. 每个男人喜欢一个女人。

　　 b. 每个男人*(都)喜欢这个女人。

c. 每个男人?(都)喜欢三到五个女人。

d. 每个男人*(都)来了。

e. 有一个人喜欢每个女人。

结合表2-1,我们不难发现,Lin(1998)的分析可以处理第Ⅴ和第Ⅵ类现象,Huang(1996)的分析可以处理第Ⅰ类和第Ⅱ类现象。两种分析都没有涉及第Ⅳ类现象;两种分析都没有给出一个统一的解释。

那么,现代汉语中的"每"和"都"的分布,到底揭示了自然语言的分配性量化什么样的规律? 在何种意义上,一个统一的分析是可行的?

2.4.1 "每"和否定

Huang没有提到的是"每"和"否定"的制约现象。当句子中间出现谓词否定时,即使宾语位置有不定项,句子还是不可接受:

(49) *每个男人不喜欢一个女人。

*每个学生没有写一篇论文。

*每个孩子没有唱一首歌。

(50) 每个男人喜欢一个女人。

每个学生写了一篇论文。

每个孩子唱了一首歌。

Beghelli(1998)认为"否定"是一个量词。否定的出现,"阻隔"了"每+NP"的指称和不定项之间联系。问题是:这只是单纯的阻隔效应(blocking effect)吗? 为什么否定会产生阻隔效应?

2.5 "每"和"都"的纠缠(Ⅱ):宾语位置的"每"

"每+NP"的主宾不对称问题不仅仅对 Huang 的分析提出了挑战,还具有其他的理论意义。

前文提到,宾语位置的"每+NP"引发了一系列的问题。首先是主宾不对称问题。"每+NP"分布在主语位置时,要受到诸多限制(参见表2-1):大部分情况下(当宾语不是无定项,当谓词是不及物动词词组时),"每"需要"都"的伴同。但是,当"每+NP"出现在宾语位置时,却没有这样的限制。为什么"每"会有这样的主宾不对称问题呢?这个现象背后有什么样的语义机制?

Huang 对现代汉语中"每"和"都"的分析,实际上只考虑了主语位置上的"每+NP"。自然,"每+NP"可以在宾语位置几乎不受限制地出现对她的分析提出了挑战。

要挽救 Huang 的方案,另一个可行的办法是认为现代汉语中,至少在涉及"每+NP"这一点上,存在量词提升(Quantifier Raising, QR)。现代汉语中到底存在不存在量词提升是一个有争议的问题。本书不打算从句法的角度来讨论这个问题。从语义上说,判定"量词提升"存在与否最直接主要的证据是看句法上处于下层的量词性短语能否导致辖域歧义(scope ambiguity)。从这一点上说,是否存在量词提升完全是一个实证的问题。

首先请看下面简单的观察:

(51)(有)一个学生看了每本关于汉语量化的博士论文。
(52)校长接见了每个学生代表。

(53) 老师仔细地批阅了每份作业。

(54) 每个老师*(都)仔细批阅了每份作业。

(比较:每个老师批阅了一份作业。)

(55) 学生没有看过每本老师指定的参考书。

(51)中有两个量词性的短语,"有一个学生"和"每本关于汉语量化的博士论文"。与英语不同的是,(51)只有一种解读:就某一个学生而言,她/他看了每本关于汉语量化的博士论文[(51)缺乏全称的"每本博士论文"相对于"一个学生"占据宽域的解读。意即,每份博士论文,都有一个(可能不同的)学生看了]。(52)和(53)中的"每+NP"只有占据狭域的解读。在(54)中,当主语是"每+NP"时,"都"必须出现。但是,(54)缺少下面的解读:

(56) $\forall x\ [\text{assignment}\ (x) \rightarrow \forall y\ [\text{teacher}(y) \rightarrow \text{examine}(y)(x)]]$

(56)意为就所有的作业而言,每个老师都批阅了。假如有十份作业,三个老师,则三个老师每个人都批阅了十份(同样的)作业。如果三个老师每个人批阅了不同的十份作业,则(56)为假。然而,(54)只有不同的老师批阅不同的作业的解读而没有(56)的解读。或许下面的(57)能准确概括(54)的真值意义:

(57) $\forall x\ [\text{teacher}(x) \rightarrow \forall y\ [\text{assignment}(y) \rightarrow \text{examine}(y)(x)]]$

假设三个老师,每个老师批阅十份作业。(57)意味着三个老师每人批改了十份(有可能不同的)作业。根据(57),有可能一共有30份作业被批改了(也可能是10份,但这是一种偶然)。(57)和(56)表达的是不同的真值语义。

如果"每+NP"在宾语位置不会导致辖域歧义,我们可以认为不存在量词提升。如果不存在量词提升,Huang对"每"的分析便无法完全站住脚。但是,这还不是问题的全部。宾语位置的"每+NP"还对当前理论提出其他问题。

标准的广义量词理论把所有的量词性的短语都看作是广义量词。相应地,量词被看作是从集合到集合之集合的函数。因为一般的句子形式是[Q [NP]][VP],如果第一个论元的类型是<e, t>,第二个论元 VP 的类型也是<e, t>的话,从语义类型上来说,量词具有类型<<e, t>, <<e, t>, t>>>[见 Barwise & Cooper(1981); Keenan & Stavi (1986); Partee, ter Meulen & Wall (1990);Keenan (2002);等等]。"每"在现代汉语中首先是一个分配量词,具有类型<e, <et, t>>,"每+NP"的类型是<et, t>。

说到这一点,我们便明白为什么现代汉语中的"每+NP"对当前的理论来说,是一个重要的研究课题了。实际上,宾语位置的量词短语所引发的问题是一个非常古老的问题。这个问题可以追溯到亚里士多德。中世纪的哲学家和逻辑学家想尽了各种办法来解决它,都没有成功[见 Heim & Kratzer (1998:179)][1]。就现代汉语来说,问题更加尖锐:因为与英语不同的是,现代汉语中宾语位置的量词短语系统性地、几乎是一致地不会导致辖域歧义。这个独特的现

---

[1] "...dating back at least to Aristotle. The problem of quantifiers in object position is almost as old. Medieval scholars tried to solve it, but failed, and so did many logicians and mathematicians in more modern times." (H & K, 1998:179)

象,可能迫使我们重新思考语义组合的某些基本原则。

回到具体的问题。先看下面的例子:

(58) 校长接见了每个学生。

上述例子的语义推导如下:

a. [[校长]] = 校长($<e>$)
b. [[接见]] = $\lambda x\, \lambda y.\ y\ meet\ x$:$<e, et>$
c. [[学生]] = $\lambda x.\ x\ is\ a\ student$:$<e, t>$
d. [[每]] = $\lambda P\, \lambda Q\, \forall x\, [Px \to Qx]$: $<et, <et, t>>$
e. [[每个学生]] = [[每(个)]]([[学生]])
   = $\lambda P \lambda Q\, \forall x[Px \to Qx](\lambda x.\ x\ is\ a\ student)$
   = $\lambda Q\, \forall x\, [x\ is\ a\ student \to Qx]$
f. [[接见每个学生]] = ?

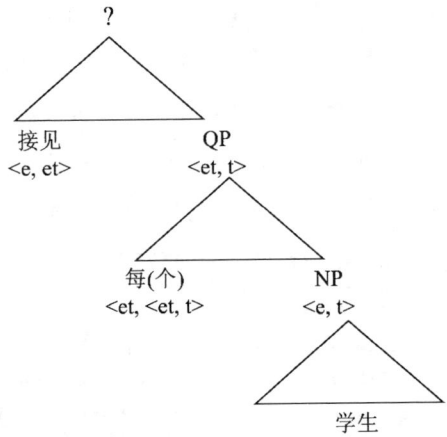

及物动词的类型是<e，<e，t>>，广义量词"每+NP"的类型是<et，t>。这两个类型没有办法进行语义组合。如何处理?

在当代语义学的文献中,关于上面的问题有两类解决方案:可变语义类型和量词(短语)移位。需要注意的是,这两种理论都是基于有辖域歧义的语言(如英语)而提出来的。这些理论是否完全适用于汉语还是未知数。"每+NP"在宾语位置上的表现是一个值得引起重视的课题。我们将在第七章详细讨论这个问题。

2.6 "所有"和"每"在语义上等价吗?

现代汉语中另外一个重要的问题是"所有""每"和"都"之间的关系问题。文献中对这个问题一直缺少合理的解释。

从表面上看,汉语中的"所有"和英语中的"all"很相似,应该处理为全称量词。譬如邹崇理(2002)认为下面的三组例子在真值语义上是等价的:

(59) a. 每个同学 *(都)来了。
　　 b. 每个同学 *(都)喜欢刘德华。
　　 c. 每个同学?(都)拿了三到五个馒头。

(60) a. 所有同学 *(都)来了。
　　 b. 所有同学 *(都)喜欢刘德华。
　　 c. 所有同学?(都)拿了三到五个馒头。

(61) a. 同学们来了。

b. 同学们喜欢刘德华。

c. 同学们拿了三到五个馒头。

从真值条件上说,一般认为上面的三组例子分别有下面的真值语义:

(62) a. ∀x [student(x) → came(x)]
(=(59a,60a,61a))

b. ∀x [student'(x) → like'(x)(Liu Dehua')]
(=(59b,60b,61b))

c. ∀x [student'(x) → take'(x)(three-to-five filled buns')] (=(59c,60c,61c))

本书的假设是,现代汉语中的"每"和"都"都不是单纯意义上的全称量词,而是分配量词。那么,现代汉语中到底有没有纯粹的全称量词呢?是"所有"吗?

实际上,不仅仅逻辑学家这么想,很多语言学家也是这么认为的。Gil(1995)就提到,英语中的"all"才是自然语言中全称量词的原型。果真如此吗?

要回答这个问题,我们先来看"所有"和"每""都"之间的差异及其语义表现。

我们前面提到,当"每"出现在主句主语位置,并且其辖域内包含一个无定项时,"都"可以不出现:

(63) a. 每个男人喜欢一个女人。

b. 每个选民有一张选票。

c. 每个家庭有自己的问题。

但是,当没有"都"出现的时候,上面的(63)所对应的"所有"的句子都不自然。比较下面的(64)和(65):

(64) a. ?/*所有男人喜欢一个女人,(那是他的妈妈)。

b. ?/*所有选民有一张选票。

c. ?/*所有家庭有自己的问题。

(65) a. 所有男人都喜欢一个女人。

b. 所有选民都有一张选票。

c. 所有家庭都有自己的问题。

如果我们认为,"所有"和"每"都是全称量词的话,上面的对立很难解释。此外,"所有+NP"在主语位置的自然与否和谓语类型无关:

(66) a. ?/*所有同学来了。(不及物谓词)

b. ?/*所有孩子迷F4。

比较:

(67) a. *每个同学来了。

b. *每个同学迷 F4。

(68) a. 所有同学都来了。

　　b. 所有选民都有自己中意的人选。

　　c. 所有孩子都迷 F4。

　　d. 所有学生都拿了三到五个馒头。

上述讨论表明,把"每"混同"所有"是行不通的。那么它们之间到底区别何在?"所有"的语义功能是什么?

　　"所有＋NP"和"每＋NP"中间还存在其他的区别。当"所有＋NP"位于主语位置时,句子可以获得集合解读,而"每＋NP"只能有单纯的分配解读。下面的第一组例子来自邹崇理(2002:426):

(69) a. 所有孩子共吃了 10 个西瓜。

　　b. 所有青年人组成了一道堵住洪水的大堤。

假设有 10 个孩子,(69a)为真的条件是这 10 个孩子一起吃了 10 个西瓜(并不在乎他们是一起吃的西瓜还是先后吃的西瓜)。(69b)为真的条件是这些青年人组成的只有一个大堤。比较(69)和下面的句子的区别:

(70) a. 每个孩子吃了 10 个西瓜。

　　b. *每个青年人组成了一道堵住洪水的大堤。

同(69a)不一样的是,假设有 10 个孩子,(70a)为真的条件是每个孩子吃了 10 个西瓜,最后一共是 100 个西瓜①;(70b)不合语法。

和主语位置上的分布不同,宾语位置的"所有+NP"的出现几乎不受限制,如:

(71) a. 张三看了所有的参考书。
　　　b. 同学们做完了所有的作业。
　　　c. 有一个同学看完了所有关于汉语量化的博士论文。
　　　d. 校长没有接见所有的同学。

同宾语位置的"每+NP"一样,宾语位置的"所有+NP"不能相对于主语位置的量词性成分取宽域的解读。宾语位置的"所有+NP"不会导致辖域歧义:

(72) a. $\exists>\forall$;* $\forall>\exists$　(=(71c))
　　　b. $\neg>\forall$;* $\forall>\neg$(=(71d))

这"同"与"异"的背后,隐含着什么规律呢?我们会在第八章讨论这个问题。

---

① 从广义量词的角度来说,(69a)的真值语义可以表达为下面的逻辑式,但是(70a)却不可以:
$A \neq \emptyset \wedge A \subseteq \{a \in A: |\{b \in B: Rab\}|=10\}$ (A: children; B: watermelon; R: eat)
解读:A 不是空集,且 A 中所有的成员是吃了 10 个西瓜的集合的子集。

2.7 Yang(2001)的研究

近年来,与上面提到的主要分析思路不同的还有 Yang(2001)。跟许多现存的分析一样,Yang 提到了下面的难题:

(73) 每个/大部分/所有的学生＊(都)来了。

在现代汉语中,为什么当"每/所有"位于主语位置时,"都"(在大多数情况下)是必须出现的?① 这与英语形成了鲜明的对比:

(74) Every/most/all students (* all) came.

上面的讨论包含了两个问题:(1) 现代汉语中,当主语是"每/所有"时,为什么"都"一定要出现,而英语中的"all"一定不能出现?(2) 从比较语义学的角度看来,如何解释这两种语言在这个方面的差异? Yang 认为,现代汉语中的"每"具有下面的语义:

(75) [[每]]= $\lambda P \lambda Q \exists X [\forall x (x \in X \leftrightarrow P(x)) \wedge Q(X)]$ (p. 93)

(75)表达的是:"每"是一个从属性 P 到引出一个最大(加合)个体 X 的广义量词的函数。这个最大(加合)个体的每个原子部分都有 P

---

① 关于"大多数"位于主语位置时,"都"是否一定要出现,笔者对这个观察有所存疑。我认为,现代汉语中,类似"大多数人选了王老师的课"这样的句子是完全合格的。本书不讨论"大多数"的问题。

第二章 现代汉语分配量化中的几个问题

的属性，而且整个加合个体包含在 Q 之中。

根据(75)，"每"本身具有量化意义。那么，当"每"和"都"共现时，句子具备什么样的真值语义呢？

(76) 每一本书都有一个人买了。
(77) 每一本书有一个人都买了。

在现代汉语中，涉及"每""都"的例子的辖域不完全由句法位置指派，而是由"都"指派。在(76)中，无定项"一个人"位于"都"的辖域之内，因而不能获得任何占宽域的解读；在(77)中，无定项"(有)一个人"位于"都"的辖域之外，因为可以获得相对于全称限定词占宽域的解读。Yang 认为，在含有"每"和"都"的句子中，"每"贡献全称量化的语义，"都"贡献分配性的语义。由是，考虑到辖域的不同，(76)和(77)分别具有下面的真值语义(78)和(79)（具体的语义推导从略）：

(78) a. $[[\text{有一个人买了 t}]] = \lambda x \exists v(\text{man}(v) \ \& \ \text{bought}(x)(v))$

b. $[[\text{都}]] = \lambda P(\forall x(x \in X \rightarrow P(x))$

c. $[[\text{都有一个人买了 t}]] = \forall x(x \in X \rightarrow \exists v(\text{man}(v) \ \& \ \text{bought}(x)(v))$

d. 谓词抽象(c)：$\lambda X \forall x(x \in X \rightarrow \exists v(\text{man'}(v) \ \& \ \text{bought}(x)(v))$

e. $[[\text{每一本书}]] = \lambda Q(\exists X(\forall x(x \in X \leftrightarrow (\text{book'}(x) \ \& \ \text{Cl'}(x) = 1) \wedge Q(X))$

f. [[每一本书都有一个人买了]]
   = $\exists X(\forall x(x \in X \leftrightarrow (book'(x) \& Cl'(x) = 1) \& \forall y(y \in X \rightarrow \exists v(man(v) \& bought(y)(v))))$

(79) [[每一本书都有一个人买了]]
   = $\exists X(\forall x(x \in X \leftrightarrow (book'(x) \& Cl'(x) = 1) \& \exists v(man'(v) \& \forall y(y \in X \rightarrow bought(y)(v))))$

应该来说，Yang 很好地处理了"每"和"都"共现的问题。但是，因为 Yang 没有提到"每＋NP"在宾语位置的情况，我们不清楚他的分析是否可以顺延到这种现象。因为，至少这种顺延不是那么直接的。考虑下面的例子：

(80) 校长接见了每个学生。

因为[[每个学生]] = $\lambda Q \exists X[\forall x(x \in X \leftrightarrow (student(x) \& Cl'(x) = 1)) \wedge Q(X)]$，类型是 $<et, t>$。"接见"的类型是 $<e, <e, t>>$，这两者不能直接组合。我们不清楚 Yang 的分析如何处理这类现象。这也就是说，Yang 的分析还是存在一定的不足。

Yang(2001)为处理"每＋都"共现的现象提供了新的方案。但是，Yang 的分析也不是全面的。Huang(1996)提到的例子对她的分析构成了问题。考虑下面的例子：

(81) a. 每个男人喜欢一个女人。
    b. 每个男人 *（都）喜欢这个女人。

(81a)没有"都"出现,但句子依然具有全称量化力和分配量化力。那么,这里的分配量化力是从何而来的呢?

结论:我们简单讨论了当前关于"每"和"都"在形式语义学框架内的三种主要的分析方案。我们看到,每种分析方案都能照顾到一定的语言事实,但是,没有哪种方案能够涵盖全部事实。"每"和"都"的问题还对现有的理论提出了重大的挑战。那么,到底有没有可能就"每"和"都"的现象给出一个统一的解释?

2.8 结论

本章提出了现代汉语分配量化中的几个难题:(一)"都"量化和标准的全称量化之间的关系问题。(二)现有的分析思路为何不能处理"都"对事件的量化现象。(三)主语位置的"每+NP"及其相关现象:现有的很多研究都指出,"每+NP"在主语位置出现时,不总是需要"都"的伴随。那么,"每"与"都"的共现关系该如何解释?当"每+NP"在主语位置时,什么样的理论能够充分预测到"都"可以出现,一定要出现?(四)"每"的主宾不对称问题。与"每"在主语位置不一样,"每"可以自由地出现在宾语位置。这对基于英语的各种解释辖域现象的理论来说,不能不说是一个挑战。这个问题,还同时具有比较语义学的价值。(五)"所有"的语义贡献。以往的研究大多把"所有"看作是全称量词,事实表明,这种分析过分简单。同"每"不一样的是,"所有+NP"出现在主语位置时,一般需要"都"的伴随。虽然他们的真值语义都可以用同样的逻辑式来表示。这"同"与"异",直接和哲学家 Vendler 的问题相关。

我们提到,现有的分析,不能充分给出上面的每个问题一个合理的解释,更不用说给出一个统一的解释了。Lin(1998)、Huang(1996,2006)、Yang(2001)等的研究,都能解释一部分的现象,而不能解释所有的现象。我们希望有一种理论可以对这些看似不相关的现象提供统一的解释。我们将在下面的几章里对这些问题逐一展开讨论,从而揭示汉语(以及其他自然语言)分配量化背后所隐含的语义机制。这些机制,将被证明具有一定的普遍性,是普遍语法的一部分。

第三章 "都"对事件的量化

3.1 写在前面的话:生活中的形式语义学

小明和妈妈去动物园看可爱的大熊猫圆圆。小明问动物园管理员:"你们喂她什么?"动物园管理员说:"虽然大家都知道,大熊猫常吃的食物是竹子(而且是很特别很特别的竹子)。可是,我们的这只可爱的大熊猫,不但要吃很多很多的竹子,偶尔也换换口味:她爱吃馒头。上个星期,在十次进食中,她有八次只吃了竹子,剩下的两次,她又吃了竹子又吃了馒头。"动物园管理员接着回答道:"我们都

图 3-1

喂的竹子。"听到答复,小明准备满意地和妈妈离开。(这时,我们想知道的是:动物园管理员对小明说了实话吗?)

这时,站在旁边,自认为是形式语义学家的我,就管理员的回答,马上联想到了下面的语义:

$$\forall x [我们喂圆圆 x \rightarrow x = 竹子]$$

(请原谅我用上面的逻辑式。上面的逻辑式是目前几乎所有的关于"都"的形式语义学的研究所认可的。接下来我将详细论述为什么这一逻辑式是不对的。)因为上面的逻辑式,我对小明说:

> 难道你不知道管理员在骗你吗?大熊猫圆圆上周还吃了馒头。

可是,小明回答:

> 我知道啊。可是她也没骗我啊。她又没说,他们只喂圆圆竹子。

我怔住了。是啊,管理员也说了实话啊,她确实没骗小明啊。那么,是谁弄错了?是素以严谨著称的那些形式语义学家吗?形式语义学家给出的逻辑式,不就说明了管理员没有对小明说实话吗?可是,小明却觉得管理员阿姨说了实话。谁对?谁错?

简单的现象,微妙的语感,复杂的机制。

3.2 事件语义学

现在再回到"都"对事件的量化来。前面已经提到,仅仅是简单地引入事件变量不能解决"都"对事件量化的问题。因为,如果认为"都"的限制域和核心域的事件变量等同的话,"都"的语义会被认为与"只"无异。但是,下面的两组句子在真值条件上不等价:

(1) a. 我都上北大网。
　　b. 我只上北大网。

(2) a. 我都买呢子的衣服。
　　b. 我只买呢子的衣服。

现有的把这里的"都"看作是量化个体的分配(全称)算子的做法,实际上是把"都"等同于"只"。引入事件变量后,(1a-b)和(2a-b)会被认为分别有下面的语义:

(3) a. $\forall e\,[\text{I VISIT WEBSITE}(e) \rightarrow \text{I VISIT PKU MAIN-PAGE}(e)] (= (1\text{a-b}))$
　　b. $\forall e\,[\text{I BUY CLOTHES}(e) \rightarrow \text{I BUY WOOLEN CLOTHES}(e)] (= (2\text{a-b}))$

但是,(1a)和(1b)、(2a)和(2b)的区别是很明显的。在上一章提到的"买衣服"的场景中,(2b)为假而(2a)为真。同样的情形还可以应用到(1a)和(1b)中去。"都"和"只"在事件量化中的不同还可以从下面的对立看出：

(4) a. ? 张三都喜欢[林妹妹]$_F$，张三也都喜欢[薛宝钗]$_F$。
b. *张三只喜欢[林妹妹]$_F$，张三也只喜欢[薛宝钗]$_F$。

(5) a. $\forall$x [person(x) & Zhang San_like (x) → x = Lin Meimei) ∧$\forall$x [person(x) & Zhang San-like(x) → x = Xue Baochai]]
b. $\forall$e [∃x (person(x) & Zhang San likes a person (x)) (e) → Zhang San likes Lin Meimei(e)) ∧$\forall$e [∃x (person(x) & Zhang San likes a person (x))(e) → Zhang San likes Xue Baochai (e)]]

(5)的逻辑式表达的是：要么林妹妹是薛宝钗(语义违反)，要么张三谁都不喜欢。(5)预测到(4b)是不可接受的汉语句子。但是，(4a)并非完全不能接受，却也出乎意料。这说明"都"和"只"是不同的。与"只"不同的是，"都"的限制域内的变量和核心域内的变量不能等同。下面的观察也支持了这个观点。

(6) a. 当张三拿错了什么的时候，他 *（都）是一天后才知道。
b. #$\forall$e [ZS wrongly takes away something (e) → (he realizes it(e) & one day later(e, e))

(6a)不能表示为(6b)。因为(6b)说的是同样的事件,既发生在今天又发生在一天后。这是一个不合格的表达式。

(7) a. 当丈夫被责备的时候,妻子＊(都)偷偷地哭。
   b. ♯∀e [the husband is being rebuked (e) →
      (the wife cries(e) & secretly(e))

如果限制域内的变量和核心域内的变量被认为是等同的话,我们预测到修饰事件的状语"偷偷地"同样也修饰前面的事件"丈夫被责备"。这显然是有问题的,因为即使是在丈夫没有被偷偷地责备的场景,(7a)仍然为真。

要解决上面的问题,我们唯一要修改的是:作为广义量词的"都"的核心域和限制域内的两个变量不是等同的。因为即使在单句中,"都"的事件量化也有类似的表现。这一理念上的变更,使得我的方案与现有的方案有三点本质的分别:

(A) "都"量化事件时,其限制域可以不完全由表层句法信息提供,而由语境/语用提供;
(B) "都"的限制域与核心域内的变量不能等同;
(C) "都"的分配量化,除了包含标准的全称量化,还涉及其限制域与核心域内不同的变量的"匹配"(matching)问题。

这个基于函数量化的思路,将被证明不但可以解决"都"的事件量化问题,同时还可以解释现代汉语中其他的看似不相干的问题,如

"每"与"都"的问题。这个思路还具有理论上的意义:(1)它丰富了现有的标准的广义量词理论的内涵;(2)有助于我们深入探讨自然语言中分配量化的本质和其背后所涉及的语义机制。

3.3 研究模型:代数语义学与集合论的比较
(具体见附录)

我们的事件语义学的模型是一个六元的结构:
$M = <E, D, \eta, IN, \leqslant, \pi>$

表 3-1 "都"的事件量化的模型

	Notations
$E = \{E_1, E_2\}$	domains of events with parametric variables e_1, e_2, e_3... and e_1', e_2' and e_3'... respectively
D	domain of individuals with parametric variables x, y, z, u, v, w, etc.
η	a homomorphism from E into D
IN	an unspecified predicate that relate the individuals to events (it can be thematic roles, spatial-temporal relations, etc.)
$\leqslant$	the partial order defined on E and D
π	the matching function that maps E_1 into E_2

举例

Let $D = \{a, b, c\}$, then $*D = \{a, b, c, a \oplus b, b \oplus c, a \oplus c, a \oplus b \oplus c\}$, $*D = \{a \oplus b, b \oplus c, a \oplus c, a \oplus b \oplus c\}$, $D_{AT} = \{a, b, c\}$

本书采纳了 Link(1983)建立在代数格上的模型,因而可以称之为代数语义学(Algebraic Semantics)。关于代数语义学的更多概念和描述,请参见附录部分。

3.4 隐性量化域限制变量

在前面我们提到,要处理"都"对事件量化的问题,我们需要引进一些新的概念。其中之一就是(由语境决定的)隐性的量化域限制(implicit domain restriction)的概念。自然语言的量化域要受到语境/语用等的影响不是一个新思路。de Swart(1993),von Fintel(1995),Kratzer(1995,2004,2008)等都提到了自然语言量化要考虑到语境的因素。Kratzer(2004)提到下面的例子:

(8) A: Everybody is frowning.
    B: My mother in Mindelheim isn't.

当 A 说出"everybody is frowning"的时候,说话人并没有意味着现实世界里的每一个人都有这样的属性。同样,B 在理解这个句子时,不自觉地给量词的量化域限制变量赋予了一个值。量化域限制在这里会影响到真值条件。Westerstahl(1984),von Fintel(1994),Marti(2003)也提出,量词都有一个作用于个体的属性的无须言出的量化域变量。比如一般我们认为"every"有(9a)的语义,引入量化域限制的概念后,"every"会有(9b)的语义:

(9) a. $[[every]] = \lambda P \lambda Q \forall x (P(x) \rightarrow Q(x))$
       (没有量化域限制的变量)

b. $[[every_C]]^g = \lambda P \lambda Q \lambda w \,\forall x((g(C)(x)(w) \,\&\, P(x)(w)) \to Q(x))$
(引入了量化域限制的变量)

虽然研究者们对如何刻画和表述这个量化域变量还有争议[1],在考虑自然语言的量化时,量化域限制是一个不可避免的问题。来自汉语的事实在这个方面给出了一些很有意思的借鉴。与英语中的"every"不同的是,在量化事件的"都"的量化结构中,量化域限制不是只"限制"量化域,其本身还可以独立提供一个量化域(注意:为避免引入新的术语,引起不必要的误解,本书还是坚持原来的术语。但请注意到这里所讨论的量化域限制和前面提到的有所不同)。考虑到汉语是话语优势型语言(discourse-prominent),量化域限制在汉语中有不同的作用应该在情理之中。

Luo(2008,2009)在比较了英语、汉语和其他几种语言的基础上提出,量化域限制因语言的影响而异。在有的语言,比如英语中,量化域限制单纯是限制量化域,提供一个额外的由话语/语境赋值的变量;在有的语言,比如话语敏感型的汉语中,量化域限制可以独立提供量词的量化域,而不仅仅是限制量化域。

(10) 英语:**EVERY** = $\{<A, C, B> \in \wp(E) \times \wp(E): A \cap C \subseteq B\}$ ($= every$)

汉语:**EVERY** = $\{<A, C, B> \in \wp(E) \times \wp(E): C \subseteq A \cap B\}$ ($= dou$)

---

[1] 比如说,Westerstahl (1984),von Fintel (1994),Marti (2003)等认为量化域限制的变量是量词的语义的一部分;与之不同,Stanley & Szabo (2000)认为,量化域限制的变量与普通名词短语关联在一起。Kratzer (2004)走得更远,主张用"情景"(situation)来取代量化域限制。

一个有意思的问题：上面的思路揭示了自然语言语义方面的差异，不是简单的某类语义功能的词汇实现的问题。词汇实现纯粹是偶然的，并没有太多的理论意义。语义变异，如同句法变异一样，是核心语法的一部分。这里想要表达的是，语义同句法一样，均受限于普遍语法。我们所谓的语义的普遍语法，可能只是：(1) 一套共用的语义的建筑材料；(2) 高度限制的组合这些材料的原则。任何一点组合方式上的差异，哪怕只是一点小小的差异，都可能对整个系统造成"蝴蝶效应"，而造成表象上巨大的差异。英语和汉语在全称量化和分配量化上的不同，原因之一可能就是量化域限制在量化结构中的地位不同。当然，这个宏观的假设还需要更多的实证研究来佐证[详细的讨论见 Luo(2008)]。①

3.5 匹配关系

我们前面提到，量化事件的"都"的限制域和核心域内的变量不能相同（否则会有严重的、不必要的后果）。至少对于事件量化这一点来说，这种关系不是等同（identical）的关系。那么，在不同的限制域变量和核心域变量之间到底存在什么样的关系呢？我们前面也提到，所谓的分配量化，有一个双重的语义结构：全称量化加上匹配关系。这一节的任务，是要说明这种匹配关系。

---

① 有关隐性量化域限制的问题，很多学者早有所注意。最近，郭锐(p.c.)、袁毓林等都提到，"都"对事件的量化涉及隐含的量化域限制的问题。笔者完全认同他们的语感，也非常高兴笔者在基本的观察上可以与他们取得一致。谢谢郭锐老师为笔者指出这一点。

形式化这个思路之前,我们来看一个简单的例子:

(11) 我都上北大网。

如何刻画(11)的真值语义呢？考虑下面的场景:

场景:我每次上网查资料的时候,都上北大网。

这里的问题是,我上网查资料这个事件和上北大网这个事件之间存在什么关系？假设:

场景:过去有10次我上网查了资料。其中有8次只上了北大网,另外的2次我上了Google和北大网。

我们的语感告诉我们,(11)在上面的场景中为真。这就排除了"上网查资料"和"上北大网"之间的关系是等同关系的可能。直观一点说,这里只有"匹配关系",而没有"等同关系"。"等同关系"是匹配关系的一种,反之不然。这就解释了为什么这里的"都"没有"排他性"的效果。除此之外,这种关系应该是一对一的(one-to-one),但不一定是一个一对一的函数(一对一的函数相当于双射,这里不能是双射,显然,并非我所有的上北大网都是为了查资料)。下面的图示说明了这种匹配关系:

(12) 匹配效果

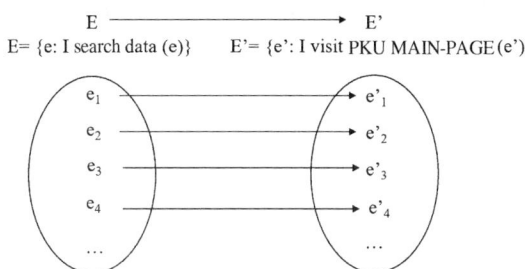

类似的,就"我都买呢子的衣服",我们也可以得出下面的匹配效果:

(13) 我都买呢子的衣服。

(14) 匹配效果

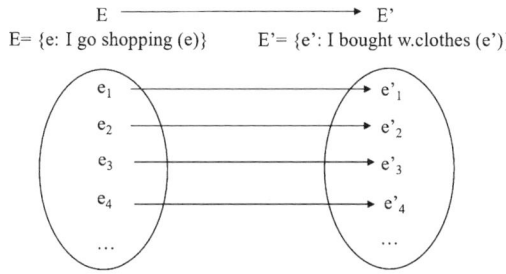

为讨论方便,我们把这样的函数叫作"匹配函数"(matching function)。① 我们初步给出匹配函数下面的定义:

(15) 匹配函数(初步定义)

---

① 就我所知的文献中,最早提出匹配函数的概念的是 Barwise (1979)。同样的提法还可以见于 de Swart (1993)、Rothstein (1995)、Zimmermann (2002)等。需要注意的是,虽然这些文献中都提到过类似的想法,却都没有给出形式化的定义。

设 A 和 B 是集合，$\pi: A \times B$ 是一个匹配函数当且仅当

(a) $\forall x \in A \exists! y \in B \to \pi(x) = y$ (distinct condition)

(b) For any x, y: $x \leqslant y \to \pi(x) \leqslant \pi(y)$ (order-preserving)

(c) $\forall x_1, x_2 \in A: x_1 \neq x_2 \Rightarrow \pi(x_1) \neq \pi(x_2)$ (one-to-one mapping)

(d) Undefined otherwise

3.6 "都"的事件量化的语义组合

有了前面的讨论，我们就可以来刻画含有对事件量化的"都"的语义了。

(16) 我都上北大网。

前面提到，类似(16)这样的句子的限制域可以完全由语用/语境提供。这里的量化域限制域应遵守一定的原则。Luo(2008)提出，只有 PROP 的事件，才能构成"都"的限制域：

(17) PROP (E)

$\exists E$ (E is a proper E for e) $\Leftrightarrow \forall e' \leqslant \min(e)$ ($e' \leqslant E \to e' = e$)

(16) 有如下的(18)的逻辑式：

(18) [...e... [$_{IP}$ 都 [$_{VP}$ 我上北大网]]]

第三章 "都"对事件的量化

因为这里的"都"是量化事件的,所以其辖域内是一个指称事件的语法成分。与个体(类型为 e)、真值(类型为 t)不同,事件的类型为 v。"都"的类型应该是 $<vt, <vt, t>>$。下面的语义推导满足组合性原则(忽略时态和体态的影响):

(19) 我都上北大网。

a. $[[$我上北大网$]] = \lambda e\ [VISIT(e)\ \&\ Theme\ (e) = PKU\ MAINPAGE\ \&\ Agent\ (e) = I]$

b. $[[$都$]] = \lambda E'\ \lambda E''\ \forall e\ [E''(e) \to \exists e'\ (E'(e') \wedge \pi(e') = e)]$

c. $[[$我都上北大网$]] = \lambda E'\ \lambda E''\ \forall e\ [E''(e) \to \exists e'\ (E(e') \wedge \pi(e') = e)]\ (\lambda e\ [VISIT(e)\ \&\ Th(e) = PKU\ MAINPAGE\ \&\ Ag(e) = I]) = \lambda E''\ \forall e[E''(e) \to \exists e'\ (VISIT(e')\ \&\ Theme(e') = PKU\ MAINPAGE\ \&\ Agent\ (e') = I \wedge \pi(e') = e)]$

因为这里的限制域是由语境/语用提供的,我们得到下面的 d:

d. $\exists E''_c\ \forall e\ [E''_c(e) \to \exists e'\ (VISIT(e')\ \&\ Theme\ (e') = PKU\ MAINPAGE\ \&\ Agent\ (e') = I \wedge \pi(e') = e)]$

e. $\exists E''_c\ \forall e\ [PROP(E'')_c(e) \to \exists e'\ (VISIT(e')\ \&\ Th(e') = PKU\ MAINPAGE\ \&\ Ag(e') = I \wedge \pi(e') = e)]$

(19e)表达的是:就某个由语境/语用决定的 PROP 事件而言(比如"我上网查资料""我上网浏览信息""我上网查看奥运信息"等),每个这样的事件都有一个上北大网的事件与之匹配。需要注意的是，这里的匹配不蕴涵"排他性"，比如上网查看奥运信息，除了同时上北大网之外，我可能还上了雅虎。

"只"也可以按同样的办法来分析。只是，与"都"不一样的是，"只"所施加的匹配关系是一种等同关系。这种等同的匹配关系，大多数情况下可以省略。下面的两个逻辑式在真值意义上是等价的：

(20) 我只上北大网。

(21) a. $\forall e\,[\text{I VISIT WEBSITE}(e) \rightarrow \exists e'\,(\text{I VISIT PKU MAINPAGE}(e') \wedge \pi(e') = e)] \equiv$

b. $\forall e\,[\text{I VISIT WEBSITE}(e) \rightarrow \text{I VISIT PKU MAINPAGE}(e')]$，当 π 是等同函数（identity function）

虽然"都"和"只"都受同样的语义原则所限制，但是，因为他们涉及不同的匹配关系，他们并不是真值上等价的。(16)的语义不能表达为(21b)就是这个道理。

(16)类句子没有"排他性"的要求，还有另一个解释。在上面所述的"上北大网"的场景中，"上北大网和雅虎网"非对称蕴含"上北大网"。因为这里的"都"只施加一个匹配函数，而不是一般的等同函数，所以，即使我同时上了雅虎，(16)也为真。这里的非对称蕴含可表示如下：

(22) a. 我上了北大网和雅虎网。

b. 我上了北大网。

(23) a. ∃e ∃e' ∃e'' (I VISIT PKU MAINPAGE(e') &. I VISIT YAHOO(e'') & e = e'⊕e'')

b. ∃e (I VISIT PKU MAINPAGE(e))

c. a ⇒ b

3.7 结论

本章主要讨论了"都"量化事件的现象。通过考察"都"和阶段/个体谓词、一次性谓词、(非)片断性谓词等的共现关系，我们提出，现代汉语中还存在另外一个量化事件的"都"。"都"对事件的量化不能沿用现存的把"都"处理为标准的分配算子（不管是不是基于覆盖）的思路。现存的分析无法充分处理"都"对事件的量化。在指出了现存的分析思路的缺陷后，本书认为，要充分处理"都"对事件的量化，我们还必须考察两个因素：(1)隐性量化域限制的作用；(2)分配量化中所涉及的斯科林化的匹配函数关系。我们提出，因为汉语是话语导向型语言，量化域限制可能起着和英语中的不一样的作用：在汉语中，基于语境的隐性量化域限制可以直接构成量词的限制部分，而整个句子所指称的事件是量词的核心部分。除此之外，在限制域和核心域之间还存在斯科林化的匹配函数关系。这个相比于现存的分析要丰富得多的思路，能够充分处理"都"对事件的量化现象。我们在这里得到的启发是，分配量化具有丰富的语义结构。

第四章　分配量化:新的分析

4.1　引言:再说"都"和"只"

在上一章我们讨论了"都"对事件的量化问题。通过考察"我都上北大网"这样的例子背后的语义关系,我们得出一个基本的结论,那就是分配量化,至少是对事件的分配量化,具有双层语义结构,即标准的全称量化加上一个匹配函数量化。这个分析,应该来说,与以往的一些分析,比如认为"都"是全称量词的观点是不矛盾的。但是,这也说明了,把"都"看作单纯的分配算子或全称量词是不够充分的——我们需要考虑"都"量化背后所蕴含的机制,而非把焦点落在"都"本身的语义身上。

通过全方位地分析"都"对事件量化的种种情形,比如"都"和阶段性谓词/个体性谓词的对立分布、"都"和一次性完成谓词的分布等,我们树立了事件量化的概念。同时,我们还论证了仅仅通过引入"事件"的概念,把"都"的分配算子的语义顺延到事件是行不通的。我们需要"匹配函数"的概念。值得注意的是,匹配函数是一个比等同函数(identity)要宽泛的概念,也就是说,等同函数一定是匹配函数,但是,并非所有的匹配函数都是等同函数。它们之间有着

非常细微的区别。我们最直接的证据是有的人能够接受下面的句子(1)在下面的情形(2)中可以为真的现象:

(1)(我每次逛街,)都买呢子的衣服。

(2)假设 $E_1 = \{e: 我逛街(e)\}, E_2 = \{e': 我买衣服(e')\}$,
并且 $\# E_1 = \# E_2 = 10$
第1次逛街,e'= 我买了呢子的衣服;
第2次逛街,e'= 我买了呢子的衣服;
第3次逛街,e'= 我买了呢子的衣服;
第4次逛街,e'= 我买了呢子的衣服;
第5次逛街,e'= 我买了呢子的衣服;
第6次逛街,e'= 我买了呢子的衣服;
第7次逛街,e'= 我买了呢子的衣服;
第8次逛街,e'= 我买了呢子的衣服;
第9次逛街,e'= 我买了呢子的衣服和棉布的衣服;
第10次逛街,e'= 我买了呢子的衣服和棉布的衣服。

虽然并非所有人都有如上的语感,但是,上面的句子(1)和下面的句子(3)的区别是非常清楚的:那就是,假如存在(2)的情形,(1)尚可为真,(3)却一定为假:

(3)(我每次逛街,)只买呢子的衣服。

那么,为什么有的人会认为(1)和(3)的解读是一样的呢?比如,它们的语义都可以用下面的逻辑式表达:

(4) ∀x （我逛街买 x → x = 呢子的衣服）

如果引入事件的概念,上面的逻辑式(4)和下面的表达式在真值意义上是等价的:

(5) (4) ≡ ∀e (我逛街买东西(e) → 我逛街买呢子的衣服(e))

这两个表达式,其实是借用了等同函数的概念。如果我们引入等同函数,上面的表达式(5)和下面的式子在真值意义上等价:

(6) (5) ≡ ∀e (我逛街买东西 e → ∃e' (我逛街买呢子的衣服(e') & e' =$_{ID}$ e))

(=$_{ID}$：等同函数)

上面的分析从某种意义上解释了为什么有的研究者会采用(4)或者(5)的表达式来表示(1)的真值意义。从某个角度来说,这种观察是正确的,因为(1)确实具有这样的意义;但是,要充分表达(1)的语义,我们需要一个比"等同函数"更为宽泛的函数的概念,这恰好能解释,为什么把"都"等同于"只",又对也不对["对"是因为(1)包含(4)的解读;"不对"是因为这不是(1)的解释的全部]。

本书所采取的分析的第二个优势是可以给上面的现象一个统一的分析。如果我们的模型中一定要包含事件,用函数量化的概念可以给出"都"和"只"一个统一的分析,也能照顾它们的对立。我们已经证明,基于函数量化的分配量化的思路一样是可组合的(compositional)。

下面我们将证明,我们前面一章提到的关于分配量化是一个标准的全称量词加上一个匹配函数的思路可以推广到更为普遍的分配量化现象中去。这样,相比于现存的单纯把"都"看作是纯粹的分配算子的做法,本书的分析还有如下的优势:

(A) 把"都"看作纯粹的分配算子的思路不能充分解释"都"对事件的分配量化现象,但本书的分析可以;
(B) 把"都"看作纯粹的分配算子的思路能够解释的现象,本书的分析也可以解释;
(C) 在两者都能处理的内容上,本书的分析没有增加技术上的复杂性,相反,更具有解释力;
(D) 本书的分析具有更多的跨语言的解释力(详细讨论请参见第六章)。

正是基于上面的思考,我们认为,现代汉语语义学中,无数语言学家讨论过的"都"的一个新的具有可行性的分析已经昭然若现。

4.2 匹配关系的进一步细化

在前面一章我们给出了匹配函数的初步定义,还有很多细节问题没有讨论。下面我们将进一步细化相关问题。

在"都"量化中,复数是一个非常重要的要求。一般情况下,比如"三个学生都来了"这样的句子,我们很容易建立联系:每个学生和一个"来"的事件匹配,即对于每个学生来说,事件"来"是不同的。事件和个体有共生变异(co-variation)的关系。可是,很多时候,匹配关系不这么容易建立。这里我们回避一个根本的问题:复数名词短语的指称问题。

考虑"三个孩子"。设 D = {小华,小明,小强},当我们说三个孩子,是否就认为 [[三个孩子]] = {小华,小明,小强}呢?那么,考虑下面的句子:

(7) 三个孩子搬了一个箱子上楼。

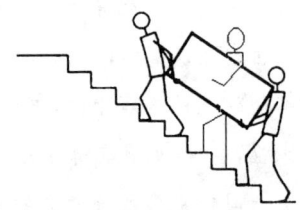

图 4-1 集合解读

假如存在如图 4-2 的情形,(7) 为真还是为假呢?

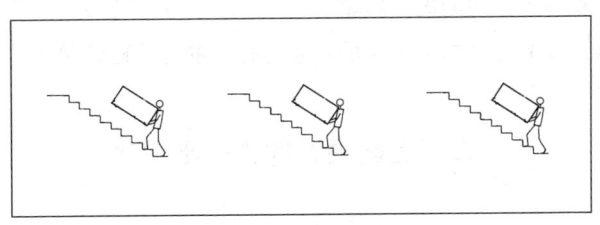

图 4-2 分配解读

结合我们前面的讨论,图 4-1 所示的是集合解读,图 4-2 所示的是分配解读。一般情况下,上面的句子很容易得到集合解读(但是,分配解读不是不能得到)。如果我们把句子更改一下:

(8) 三个孩子都搬了一个箱子上楼。

很明显,上面的句子缺少集合解读。可是,假如存在如图 4-3 所示的情景:

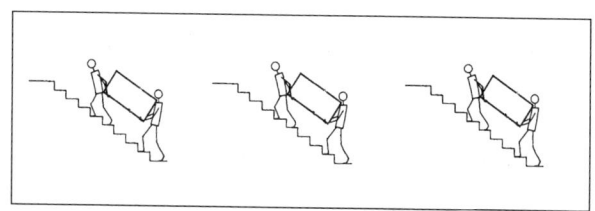

图 4-3 基于覆盖的解读

假设小华和小明一起搬了个箱子上楼,小华和小强一起搬了个箱子上楼,小明和小强一起搬了个箱子上楼。在这样的情景下,上面的句子为真还是为假?

随机调查大家的语感显示:有 70% 以上的人认为上面的解读不容易得到,但是,句子不为假。

这时,我们再来回答前面的问题:"三个孩子"的指称是什么?存在下面的三种情况:

(a) [[三个孩子]] = {a, b, c}
(b) [[三个孩子]] = {a}, {b}, {c} (或者 {{a}, {b}, {c}})
(c) [[三个孩子]] = {{a,b}, (b, c), {a, c}}

如果上面的三种可能性都存在,我们可以得出结论,一个复数名词短语的指称是一个幂集减去空集。这样,"三个孩子"的指称是:

[[三个孩子]] = ℘(D)-∅ = {{a}, {b}, {c}, {a, b, c}, {a, b}, {a, c}, {b,c}}

很容易看出,上面的三种可能性之间存在着"⊆"的关系。很容易证明,集合 D 上的这个"⊆"关系是一个偏序关系:

  证明:给定任意集合 D,℘(D),证明<℘(D), ⊆>是一个序偶集。
  证明:(1) 对于任意 a∈℘(D),有 a⊆a,所以"⊆"是自反的。
  (2) 对于任意 a, b∈℘(D),如果 a⊆b, b⊆a,则必有 a=b,所以"⊆"是反对称的。
  (3) 如果 a⊆b⊆c,那么必有 a⊆c,所以"⊆"是传递的。
  因此,"⊆"是个偏序关系。

如果上面的讨论是正确的话,关于"三个孩子都搬了一个箱子上楼"这个句子,我们可以得出的匹配关系有(R=搬了一个箱子上楼):

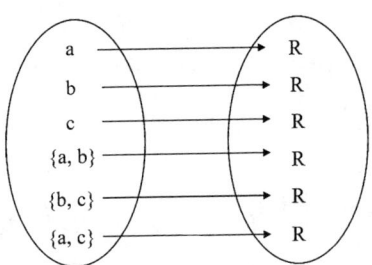

这说明,关于"三个孩子都搬了个箱子上楼"的逻辑式,我们不能简单地写成下面的(a),而应该是(b):

(a) $\forall x\ (x \in \{a, b, c\} \to Rx)$

(b) $\forall x\ (x \in \wp(\{a, b, c\}) -\varnothing \to Rx)$

需要注意的是，上面的(b)式还包含{a, b, c}这样的情形。我们知道，当句子含有"都"的时候，这样的集合解读是得不到的。那么，怎么从技术上来排除这种可能性呢？也就是说，我们的模型需要区分至少三个层次：最大个体、中间层次的个体、原子个体。过去二十多年来，尤其随着代数语义学的不断深入发展，从技术上解决这个问题已经不是问题。本书的技术背景，主要依据 Link（1998）中的思路。

这个技术上的变化，虽然微小，却是很重要。我们先来回顾当前与其相关的讨论。

4.3 复数名词短语的指称

郭锐、罗琼鹏(2009)对这个问题进行了比较细致的讨论。复数名词短语到底指称什么，这一直是语义学、语言哲学和与自然语言联系紧密的逻辑学争论不已的课题[Schein (2005)]。在当前形式语义学中，最早把这个现象引入语言学考察视角的是 Scha（1981）[对 Scha（1981）的详细介绍，见 Landman（2000）]。Scha（1981）注意到含有复数量化的句子，有三种类型的量化解读：集合性解读、分配性解读和中性解读[neutral reading, Gillon (1987), van der Does(1992、1998)等把这叫作基于覆盖的解读]。如下面的句子(9)，我们可以得到(10)的解读：

(9) Ten boys carried the piano upstairs.

(10) a. 分配性解读：$[[D]] = \lambda X\lambda P. \forall x[|(X)|=10 (\{x \in X: x \in P\})]|(\{x \in BOY: x \in CARRY-THE-PIANO-UPSTAIRS\})|=10$

b. 集合性解读：
$=\exists X \in BOY: |BOY|=10 \wedge X \in CARRY-THE-PIANO-UPSTAIRS$

c. 中间解读：
$=|\bigcup\{x \in BOY: x \in CARRY-THE-PIANO-UPSTAIRS\}|=10$

上面的(10a)说的是"就孩子组成的集合而言,分别地,每个孩子抬了一架钢琴上楼,他们的总数是10个";(10b)的意思是:"有一个由十个孩子构成的集合一起抬了一架钢琴上楼";(10c)意为:"有一个由孩子构成的集合,他们组成不同的方式抬了一架钢琴上楼,他们的总数是十个"。

如果句子有多重量化(如句子的主语和宾语都是复数名词短语),则句子还可能得到"累积性"(cumulative)解读。

Scha的观点,尤其是第三种:中性解读,引起了很多的争论[参见 Roberts(1991)],但是,很多研究者认为这三种不同的量化解读是存在的。Gillon(1987)、Schwarzschild(1996)、van der Does (1998)等也提到了这种指称情况的存在。这里的中心问题是:含有复数名词短语的句子是否真的有歧义;如果歧义真的存在,歧义是名词短语造成的还是动词短语造成的。① 还有一种观点认为复数名词短语只是有可能导致歧义（如果复数名词短语的指称对象是覆盖的话），但是，句子得到什么样的解读依赖于谓词[Link(1998)]。谓词大致可分为分配性谓词和集合性谓词②。如下面的例句(11)，我们很容易得到分配的解读（谓词是分配性谓词）；就例句(12)而言，我们可以得到集合解读（谓词是集合谓词）；例句(13)我们可以得到集合解读和中间解读（谓词可以理解为分配性的，也可以理解为集体性的）：

(11) 张三,李四和王五步行回了各自的家。（分配解读）

(12) 张三,李四和王五是一个小组。（集合解读）

(13) 张三,李四和王五搬了一架钢琴上楼。（集合解读和中间解读）

按照习惯的表述，上面的三个句子分别有下面的语义：

(11') $\forall x [x \in \{ZHANG\ SAN, LI\ SI, WANG\ WU\} \rightarrow x \in GO\text{-}BACK\text{-}HOME]$

(12') $\exists X [X = \{ZHANG\ SAN, LI\ SI, WANG\ WU\} \land X \subseteq BE\text{-}A\text{-}TEAM]$

(13') a. $\forall x [x \in \{ZHANG\ SAN, LI\ SI, WANG\ WU\} \rightarrow x$

---

① 相关的论述可见 Link(1998),Lasersohn(1995,2006)等。
② Winter(2002)主张用原子谓词(atom predicate)和集合谓词(set predicate)来区分谓词。我们认可他的观点。但是，这个区分跟本书的讨论关系不大，这里还是沿袭传统的术语，把谓词分为集体谓词和分配谓词。

$\in$ CARRY-A-PIANO-UPSTAIRS]

b. ∃X[X={ZHANG SAN, LI SI, WANG WU}∧(∪ X) ⊆ CARRY-A-PIANO-UPSTAIRS]

这里的问题是复数名词短语的指称对象是什么。根据上面的分析,我们会认为三种情况都有可能。假设集合 A = {a,b,c}构成的集合,三种量化所涉及的量化域分别是:

分配量化:{{a},{b},{c}}
集体量化:{a,b,c}
中间量化:{{a,b},{a,c},{b,c}}

实际上,上面的三种情况都是集合 A 的覆盖。重复我们前面提到的"覆盖"的定义如下。

(14) C 覆盖 A 当(或 C 是 A 的覆盖集合):
 (i) C 是 A 的子集的集合(C is a set of subsets of A)。
 (ii) 每个 A 中的成员属于 C 中的某个集合(Every member of A belongs to some set in C)。
 (iii) C 不含空集(∅ is not in C)。

换言之,一个集合的覆盖集合是这个集合的除去空集的幂集($\wp$(D) − ∅)。就上面的集合 A 而言,它的覆盖集合 C 是:

C={{a},{b},{c},{a,b},{a,c},{b,c},{a,b,c}}

$$A = \bigcup C$$

Gillon(1987)，van der Does(1998)还给出了最小覆盖的定义，认为覆盖集合不能有高阶的情况。

(15) 最小覆盖(Minimal Covers)
A set Y *minimally covers* a set X iff：
a. Y cv X
b. $\forall Z$ cv X $[Z \subseteq X \Rightarrow Z = Y]$

如果要说明复数名词短语指称的是覆盖集合的话，最直接的证据是看含有复数名词短语的句子是否允许中间解读。Lee(1986)提到，汉语中的复数名词短语是可以这样指称的[①]。实际上，汉语中的很多现象表明了中间解读的存在：

(16) 十个小孩抬了钢琴上楼。(谓词可以理解为分配性谓词或者集合谓词)

(16)中的复数名词短语可以指称一个由十个小孩构成的集合，这样，我们就得到了集合解读。如下。

[①] 不仅主语位置上的复数名词短语可以指称覆盖变量，宾语位置上的也可以。李行德(p.c.)提到个下面这样的例子：
(1) 三个小孩买了五本漫画书。
如果存在{a,b,c}三个小孩，{1,2,3,4,5}五本漫画书。如果有下面的对应关系，(1)仍然可以为真：
R=A×B $<\{a\},\{1,2\}> \in$ BUY $\wedge <\{b\},\{3\}> \in$ BUY $\wedge <\{c\},\{4,5\}> \in$ BUY

(17) $\exists X \in BOY: |BOY| = 10 \wedge X \subseteq CARRY\text{-}THE\text{-}PIANNO\text{-}UPSTAIRS$

上面的(10)还可以意为"十个小孩以不同的组合抬了钢琴上楼"。尤其是考虑到"抬钢琴"的动作需要涉及不止一个小孩时,这种覆盖解读尤其容易得到。假设存在一个由{a,b,c,d,e,f,g,h,j,k}十个小孩构成的集合,如果他们以下面的方式抬钢琴上楼,(17)仍然可能为真:

(18) $<\{a, b, c\}, \{p\}> \in CARRY \wedge$
$<\{d, e, f, g\}, \{p\}> \in CARRY \wedge$
$<\{g, h, j, k\}, \{p\}> \in CARRY$

或许,最能说明问题的是下面的句子:

(19) 这三个人在不同的房间里见了面,在一起选了主席,然后各自回房睡觉。

"见面"要涉及的肯定不能只是一个个体,在"一起"选主席要求集体行为,"睡觉"又是个体的行为。(19)的语义很难用传统的方式来描述,但是,如果认为复数名词短语的指称对象是覆盖集合的话,则很好刻画。

现在的问题是当有分配算子"都"存在时,中间解读还能不能得到?当存在如(19)这样的情况时,下面的(20)还能不能为真?

(20) 这十个小孩都抬了钢琴上楼。

要正确生成(20)这样的句子的语义解读,除了要考虑复数名词短语的指称特性外,我们还需要考虑"都"的语义贡献。"都"的主要语义功能被认为是分配功能:把谓词的属性分配到"都"作用的集合中的每个成员,句子也从而得到全称量化的意义。

结论:这些现象说明,自然语言中的复数名词短语的指称和逻辑可能性存在很强的对应关系。郭锐、罗琼鹏(2009)提出,要充分刻画复数量化,我们需要下面的模型:

$M = \langle D, AT(D), \oplus, *, \leqslant \rangle$,其中,
a. D 是任意集合
b. AT(D)是 D 上的原子个体,其定义如下:
  $AT(a) \Leftrightarrow \forall x(x \leqslant a \rightarrow x = a)$
c. $\leqslant$ 是集合 D 上的偏序关系(partially-ordered relationship),
  $a \leqslant b \Leftrightarrow a \cup b = b, a \leqslant b \Leftrightarrow a \cap b = a$
d. *D 是 D 上的覆盖集合,$D \subseteq {}^*D$
e. $\oplus$ 是 D 上的加合运算,$a \oplus b = b \oplus a$

(我将联系代数结构,在附录里详细讨论这个模型的逻辑属性,本章从略。)

如果上面的讨论是正确的话,我想我们可以回答为什么大家觉

得"三个孩子都搬了个箱子上楼"在下面的情景下不为假的原因了（虽然这种解读不是最显著的）。

(21) 三个孩子都搬了一个箱子上楼。

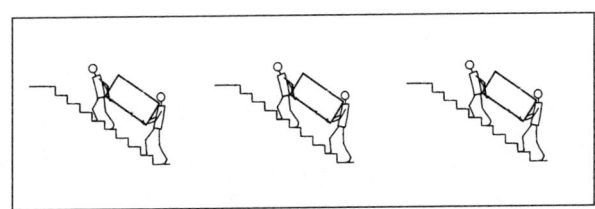

图 4-4 基于覆盖的解读

4.4 匹配函数的进一步定义

结合上一节的讨论，我们给出匹配函数下面的定义。

匹配函数（修订后的定义）

设 A 和 B 是集合，$\pi: \wp(A) \times \wp(B)$ 是一个匹配函数当且仅当

(a) $\forall x \in \{X: X \subseteq \wp(A)\} \exists! y \in \{\Delta: \Delta \subseteq \wp(B)\} \to \pi(x) = y$ （distinct condition）

(b) For any elements x and y of X, $x \subseteq y \Rightarrow \pi(x) \subseteq \pi(y)$ （order-preserving）

(c) $\forall x_1, x_2 \in X: x_1 \neq x_2 \Rightarrow \pi(x_1) \neq_T \pi(x_2)$ （one-to-one mapping）

(d) Undefined otherwise

(注：$\neq_T$指在T模型中,匹配函数要满足一一对应关系。但是,在包含偶然性在内的认知情态模型中,这个一一对应关系不一定要满足。)

其他因素,比如基于语境/话语的隐性量化域限制在构成量词的量化结构中所起的作用可能因语言而异。在汉语中,隐性量化域限制本身可以构成量词的限制域。以往的关于"都"对事件的量化现象的处理忽略了这一点,导致了不充分的解释。现代汉语中的"都"量化,只是上面的机制的词汇实现而已。正是这个机制,才具备研究的价值。"都"量化现象的真正意义所在,就在于它是一扇窗口,透过它,我们可以窥探到具有普遍性的某些自然语言中的语义机制。来自更多语言的事实将会表明,上面的分析是具有普遍性的。我们在下章将从跨语言的角度证明这一分析具有一定的普遍价值。

4.5 对汉语"都量化"的新解

这里提出的基于代数语义学和函数量化的思路,不但能够充分处理"都"对事件量化的问题,还具有另外两个优势:(1)给"都"对事件的量化和个体的量化提供了一个统一的解释;(2)能够处理"每"和"都"的问题(这是现代汉语语义学研究中的重要难题之一)。我们先来看,在新的分析思路下,"都"对事件的量化该如何刻画。

说汉语的人会认为下面的(22a)句没有歧义,而(22b)是有歧义的:

(22) a. 同学们都来了。
b. 同学们都在学校浴室淋浴。

(22a)只能表示：就语境所涉及的同学而言，每个同学都来了。(22b)可以表示：就语境所涉及的同学而言，每个同学都在学校的某间浴室淋浴；也可以表示：同学们有在学校浴室淋浴的习惯，一直都在学校浴室淋浴。(22b)的第二种意思，即我们前面所谈到的"都"对事件的量化。显然，这两种量化具有不同的真值语义。一个逻辑式不足以刻画这两种不同的量化意义。就句法结构而言，我们可以认为(22b)有两个不同的逻辑式：

(23) a. [$_{TP}$同学们 [$_{VP}$都 [$_{ASP}$[$_{VP}$在学校浴室淋浴]]]]
b. [...C(e)... [$_{TP}$同学们$_i$ [都 [$_{VP}$[t$_i$在学校浴室淋浴]]]]

从(23a)的逻辑式，我们可以推导出"都"对个体的量化；从(23b)的逻辑式，我们可以推导出"都"对事件的量化。但是，这是不是说明现代汉语中需要两个"都"——一个量化个体，一个量化事件——呢？如果不需要，一个统一的"都"究竟"统一"在什么地方？

要回答这个问题，还得回到我们前面提到的"匹配函数"(matching function)来。在事件量化中，我们所讨论到的"匹配函数"是从一个复数事件到另外一个复数事件的映射。如果我们的论域不仅包括个体，还包括事件的话，这个函数可能的映射有下面的情形(D:domain of individuals，个体域；E:domain of events，事件域)。

(24) 匹配函数 π 的映射方式：
    (i) $\pi \subseteq D \times D$
    (ii) $\pi \subseteq D \times E$
    (iii) $\pi \subseteq E \times E$

(24iii)就是我们前面讨论到的事件量化。这里的问题是，是不是(24)所提到的三种映射方式都一定要在自然语言的分配量化中有所体现呢？答案是肯定的。我们下面会讨论到，要充分解释现代汉语语义学中的重大难题之一的"每"和"都"纠缠的问题，我们需要考虑到"每"和"都"在实现不同的映射对象上面的分工。对于"都"来说，如果我们的论域里包含事件，只涉及(24ii)和(24iii)的映射。(24ii)说的是，匹配函数是从个体域（根据代数语义学，是复数个体，类型为 e，而不是<e, t>，下同）到事件域的映射。我们认为，这就是我们平常所讨论到的"都"对个体的量化。

按照现存的把"都"处理为分配算子的思路，(22a)的真值语义可以表示如下：

(25) $\forall x\ (x \in \text{students}_c \rightarrow \text{come}(x))\ (=(22a))$

根据我们前面提到的匹配函数的定义，很容易看出，(25)和下面的(26)在真值意义上是等价的：

(26) $\forall x\ (x \in \text{students}_c \rightarrow \exists e\ (\text{come}(e) \wedge \pi(x) = e))$

(26)表示的是，每个同学都参与到了一个"来"的事件。如果有十个同学，则有十个"来"的事件与之匹配。因为匹配函数要满足离散

性、顺序保持性和"一对一"三个条件,(26)准确地刻画了(22a)的语义。这里的映射关系,可以用下面的图式来表示:

(27) $\pi: D \to E(\pi(x) = e)$

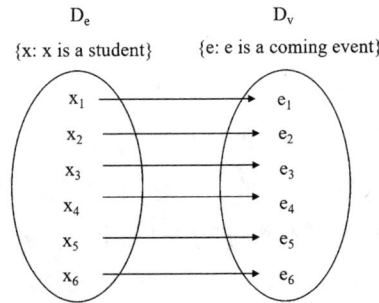

不难看出,我们前面所讨论到的标准的"都"对个体的量化的例子都可以转写为(27)的形式,而不影响其真值意义:

(27) a. 同学们都看过罗教授写的关于量化的文章。
b. 志愿者都积极参与了奥运会的筹备工作。
c. 来自不同国家的运动员都对北京奥运会表示满意。

现存的分析("都"是基于个体的分配算子):

(28) a. $\forall x \, (x \in \text{students}_c \to \exists y \, (\text{articles written by Prof. Luo}(y) \,\&\, \text{read}(y)(x))) \, (= (27a))$
b. $\forall x \, (x \in \text{volunteers}_c \to \text{actively participated in the organization of Olympics}(x)) \, (= (27b))$
c. $\forall x \, (x \in \text{athletes from different countries}_c \to \text{show satisfaction with BJ Olympics}(x)) \, (= (27c))$

新的分析("都"是标准的全称量词＋匹配函数)：

(29) a. $\forall x\ (x \in students_c \rightarrow \exists e\ \exists y\ (articles\ written\ by\ Prof.\ Li(y)\ \&\ read(e)(y)(x)\ \&\ \pi(x) = e))(=(28a))$

b. $\forall x\ (x \in volunteers_c \rightarrow \exists e\ (actively\ participated\ in\ the\ organization\ of\ Olympics(e)\ \&\ \pi(x) = e))(=(28b))$

c. $\forall x\ (x \in athletes\ from\ different\ countries_c \rightarrow \exists e\ (show\ satisfaction\ with\ Beijing\ Olympics(e)\ \&\ \pi(x) = e))(=(28c))$

新的分析与现存的分析一样，都预测下面的句子为不可接受的现代汉语句子：

(30) a. *张三都来了。

b. *张三和李四都是同学。

c. *张三、李四都一起上过小学。

另外，"都"只要求其论域内为复数个体(不一定必须是复数的具体的、可数的个体)，抽象的复数个体和具有复数结构的不可数个体一样可以构成"都"的论域(这就是为什么本书采纳代数语义学而不是基于标准集合的语义学的原因之一)：

(31) a. 鸡我都吃了。(整体—部分)

b. 这碗水我都喝了。(不可数名词同样有复数意义上的代数结构)

c. 这些思想前人都具备了。(抽象名词,同样有复数结构)

4.6 小结

总结本章的"都"。

"都"新解:
(i) "都"是一个标准的全称量词＋匹配函数;
(ii) "都"语义中的"匹配函数"可以是从(复数)事件到事件的映射,也可以是从(复数)个体到事件的映射;
(iii) "都"对其所作用的复数对象的内部结构不敏感。

对比现存的基于分配算子(或者单纯的全称量词)的分析,这里提出的方案具有三个明显的优势:(1) 现存的分析无法充分处理"都"的事件量化问题,"都"对事件的量化不能看作是"都"对个体的量化的特例,本书的分析可以充分处理"都"对事件的量化问题;(2) 现存的分析既然不能充分处理"都"对事件的量化问题,就更谈不上给出一个统一的分析了,本书的方案给出了一个统一的分析;(3) 同一量词可以同时量化事件和个体,这不但是汉语的现象,在其他语言中也不乏证据。本书的方案具有一定的比较语义学的意义。[①]

---

① 相关的例子可以见格鲁吉亚语、韩语和德语[见 Gil (1988, 1995), Link (1998)]。罗琼鹏(2008)提到了更多的跨语言的例子。分析思路同此。

第五章 "每"和"都":协作与分工

5.1 "每"和"都"的共现约束关系

在现代汉语语义学中,"每"与"都"的纠缠一直是经典疑难问题之一。我们在前面章节里已经提到,"每"和"都"的共现有一定的规律可循。现在的问题是,如何解释这个分布规律。为什么当"每"的辖域内(宾语位置)出现无定项时,"都"可以不出现?① 为什么当"每"的辖域内是不及物动词词组或者有定项时,"都"必须出现? 为什么"每"的分布有主宾不对称现象:当"每+NP"出现在宾语位置时,它不像在主语位置那样受诸多限制? 我们也提到,Huang(1996,2006)的做法可以处理"有定项"和"无定项"的对立问题,但是,不能处理"每+NP"的主宾不对称问题。同样,如果认为不及物动词词组有一个隐含的事件变量的话,为什么这个事件变量(无定项)不能允准"每"的斯科林量化要求? 至于另一种通用的做法,即认为现代汉语中的"每"不是全称量词的思路,则根本无法解释宾语位置的"有定项"和"无定项"的对立问题,也与"每"可以不要"都",单独担当全

---

① "都"出现与否,影响句子的语义。我们下面将讨论这个问题。

称量词的事实不符。

那么,有没有一个统一的分析来说明"每"的问题呢?这个分析跟我们前面提出的"都"的分析有什么关系?这些表面上看起来不相关的问题背后有什么样的共性?这一章将就这些问题勾勒一种新的思路。

为方便讨论,我们把涉及"每"和"都"纠缠的例子重复如下:

(1) a. 每个男人喜欢一个女人。
　　b. 每个男人＊(都)喜欢这个女人。
　　c. 每个男人?(都)喜欢三到五个女人。
　　d. 每个男人＊(都)来了。
　　e. 有一个人喜欢每个女人。

李临定(1967)经常提到的一组例子也可以归为此类:

(2) a. (每)三个学生两个馒头。
　　b. ＊(每)三个学生这个馒头。
　　c. (每)八个学生一间宿舍。
　　d. ＊(每)八个学生畅春园60号楼的264宿舍。

(1)和(2)的现象可以归为一类。在(2)中,虽然"每"可以不出现,但是,可以认为这类结构是分配结构。既然是分配结构,就存在分配量化。在提出我的分析之前,让我们先讨论一下关于"每"的语义的一个最新的思路。

最近,有研究者认为,"每"的语义功能相当于一个划分

(partition)算子。那么,什么是划分算子呢?划分是一个集合论的概念:

(3) 划分(partition)

给定非空集合 $A, S = \{S_1, S_2, \cdots, S_m\}$,如果 $S_i \subseteq A$, $S_i \neq \emptyset$, $\bigcup S = A$, $S_i \cap S_j = \emptyset$,则 S 是 A 的划分。

从(3)的定义可知,划分是一种特殊的覆盖。给定任意非空集合,如果任意两个覆盖之间的交集是空集,则这个覆盖是该集合的划分。

举例:设集合 $A = \{a, b, c\}$,考虑下面的子集:

$S = \{\{a, b\}, \{b, c\}\}, Q = \{\{a, b\}, \{a, c\}\}$
$D = \{\{a\}, \{b, c\}\}, G = \{\{a, b, c\}\}$
$E = \{\{a\}, \{b\}, \{c\}\}, F = \{\{a\}, \{a, c\}\}$

根据定义可知,S, Q, D, G, E 是集合 A 的覆盖,其中,D, G, E 是集合 A 的划分(因为其各个子集的交集是空集)。F 既不是覆盖也不是划分。那么,现代汉语中的"每+NP"是一个这样的划分算子吗?

(4) "每"作为划分算子

$[[每]] = \lambda P: \forall P_{i,j}(P_{i,j} \subseteq P \rightarrow P_i \cap P_j = \emptyset. \lambda Q(P \subseteq Q)$

"每"的类型是 $<<e, t>, <<e, t>, t>>$(如果把"每"看作广义量词,其类型是 $<<e, t>, <<e, t>, t><e, t>>$)。要考察"每"到底是不是这样的一个划分算子,我们需要考察谓词是集体谓词的

情况[有关现代汉语中的复数量化和集体谓词/原子谓词之分,请参考郭锐、罗琼鹏(2009)]。考虑下面的例子:

(5) 每三个老师合改两份试卷。

设 D = {a, b, c, d, e}是老师的集合,根据(4),D 没有适合(4)的划分。但是,考虑下面的情形:

(6) S = {{a, b, c}, {b, c, d}, {a, c, e}}

S可以分配,如果{a, b, c}合改了两份试卷,{b, c, d}合改了两份试卷,{a, c, e}合改了两份试卷,(5) 为真为假?

我们的语感是(5)在这种情况下仍然为真。如果(5)在这种情形下为真,说明"每"不是划分算子,"每"的语义功能必须另寻出处。

如果"每"不是划分算子,"每"到底是什么?

考虑我们前面提到的假设:

(7) 自然语言分配量化的假设(HDNL)
自然语言的分配量化有双重量化:标准的全称量化($\forall$)加上匹配函数量化 π。

(8) 匹配函数(matching function, MF)
Let A and B be sets, $\pi: \wp(B)^{\wp(A)}$ is a matching function iff
(a) $\forall x \in \{X: X \subseteq \wp(A)\} \exists ! y \in \{\Delta: \Delta \subseteq \wp(B)\} \rightarrow \pi(x) = y$;

(b) For any elements x and y of X, $x \subseteq y \Rightarrow \pi(x) \subseteq \pi(y)$;
(c) $\forall x_1, x_2 \in X: x_1 \neq x_2 \Rightarrow \pi(x_1) \neq \pi(x_2)$;
(d) Undefined otherwise

从现有的跨语言的考察看来,上面的假设(HDNL)不仅能说明现代汉语的分配量化问题,还可以处理其他语言中类似的现象。根据(7)的假设,"每"既不是全称量词,不是划分算子,也不是限定词(determiner),而是一个类似"都"的分配量词,其语义中包含匹配函数量化。在现代汉语中,"每"和"都"存在分工的不同:"都"所含有的匹配函数是从 D 到 E 或者从 E 到 E 的映射;而"每"所包含的匹配函数只有从 D 到 D 的映射。

上面的分析首先能够解释(1)和(2)所涉及的现象。(1)和(2)不可接受的句子中,宾语位置都有一个指称常项的定指项。以(2b)为例:

(2) b. *(每)三个学生这个馒头。

假设 D = {a, b, c, d, e, f} 是学生的集合,(2b)中包括的可能的分配是:

(9) <{a, b, c}, m>, <{d, e, f}, m>

根据匹配函数的定义,如果存在(9)的情形,(2b)将为假。但是,在现实世界中,我们很容易找出情形使其为真。正是这一语义上的冲突,导致了(2b)这样的句子不可接受。这是一个纯粹的语义问题。

(1b, c, d)和(2d)不可接受,理同(2b)。

现在回到"每"和不及物动词词组担当谓语的问题。为什么下面的句子不可接受呢?

(10) *每个学生来了。
(11) *每个学生睡了。

如果我们认为不及物动词词组都有一个隐含的事件变量的话,(10)和(11)的不可接受就可以得到很好的解释了。"每"作为分配量词,其所含的匹配函数是从 D 到 D 的映射,而不是从 D 到 E 的映射。简单地说,(10)和(11)不可接受是因为没有合适的(个体)变量来允准"每"的分配量化。

我们可以预测,因为"都"所涉及的匹配函数有从 D 到 E 的映射,(10)和(11)这样的句子有了"都"之后应该可以被接受。语言事实符合我们的预测:

(12) 每个学生都来了。
(13) 每个学生都睡了。

5.2　看似是集合实际上是分配的"每-CL＋NP... Num－CL＋NP"句式

前面提到,李临定先生很早就注意到一种有意思的现象。他认为下面的句子都具有全称的解读:

(14) a. 十个士兵编为一个班。

b. 两个人骑一匹马。

c. 五斤草铺一个炕。

d. 四张纸糊一个窗户。

e. 五个人坐一只船。

f. 三十个人吃一锅饭。

他认为,上面的句子中,其实都省略了主语位置的"每"。我们的语感告诉我,上面的句子和下面的一组在逻辑语义上是等价的:

(15) a. 每十个士兵编为一个班。

b. 每两个人骑一匹马。

c. 每五斤草铺一个炕。

d. 每四张纸糊一个窗户。

e. 每五个人坐一只船。

f. 每三十个人吃一锅饭。

接下来的问题是怎么分析上面的句子的语义。邹崇理(2002:429—432)认为,上面的句子还有聚合(collective,即本书所说的集合)解读。比如"每十个士兵编为一个班"可以意为"十个士兵构成的团体组成了一个班级"。本书不反对这个层次的集合解读。但是,上面的句子最重要的语义是分配解读。以"每十个士兵编为一个班"为例,论域中的士兵的个数肯定不止十个,数目必定要远远大于十个,然后对这些士兵,以十个为单位进行分配。下面的图示能够简单说明这种直觉:

(16) A = {x: x is a soldier} & ♯A >10

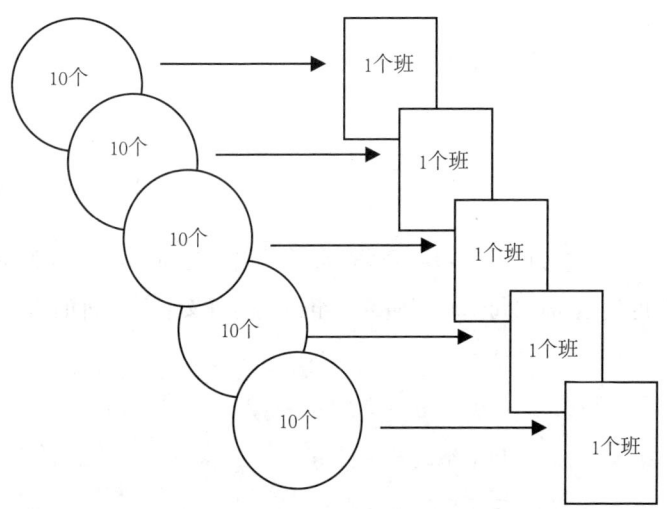

由此可见,上面的句子根本的意义还是分配解读。实际上,邹本人给出的语义分析恰好也说明了上面的句子后面隐藏着分配量化。邹(431)给出了下面的分析。

(17) 每十个士兵编为一个班。

　　　(每十个,一个)士兵　班　编为

　　　Q(= 每十个,一个)(A=士兵,B=班)(R=编)= 1

　　　当且仅当

　　　{a∈E: ∃X_1, ...X_n⊆A⊆E 满足: ♯X_1 = ♯X_2 = ♯X_n = 10 &

　　　X_i∩X_j = ∅(1≤i, j≤n) & a = SUP(X_i)} ⊆ {b∈E: |{c∈B: Rbc}|=1}

上面的逻辑式很清楚地表明，论域中有不只十个士兵，而是若干个十个士兵组成的集合的集合，这些子集之间没有交集，分配量化的作用范围不是士兵的集合，而是士兵构成的集合的集合（依据本书的思路，我们也可以把"十个士兵"构成的集合看作是一个个体）。由是，句子从看似集合变成了分配，中间起作用的恰好是汉语中的单位词。单位词的这个独特作用，罗琼鹏（2008）把它称为"原子化"（atomization）。

本书基本同意邹对上面的句子的语义分析。在细节上，本书不同于它，不认为子集之间一定没有交集。如果子集之间没有交集，这等于说"每"就是划分算子。考虑我们前面的讨论。重复前面提到的例子：

（5）每三个老师合改两份试卷。

设 D = {a, b, c, d, e} 是老师的集合，根据（4），D 没有适合（4）的划分。但是，考虑下面的情形：

（6）S = {{a, b, c}, {b, c, d}, {a, c, e}}

S 可以分配，如果 {a, b, c} 合改了两份试卷，{b, c, d} 合改了两份试卷，{a, c, e} 合改了两份试卷，（5）为真为假？

我的语感是（5）在这种情况下仍然为真。如果（5）在这种情形下为真，说明"每"不是划分算子。

如果这样，邹的逻辑式只需要稍做修改（而不影响整体的思路）。

(18) 每十个士兵编为一个班。

(每十个,一个)士兵　班　编为

Q(每十个,一个)(A=士兵,B=班)(R=编)= 1 当且仅当

{a∈E: ∃X₁, ...Xₙ⊆A⊆E 满足: ♯X₁ = ♯X₂ = ♯Xₙ = 10 &

Xᵢ∩Xⱼ = ∅(1≤i, j≤n) & a = SUP(Xᵢ)} ⊆ {b∈E: |{c∈B: Rbc}|=1}

那么,如果用别的办法可以得到分配量化的解读,本书提出的汉语分配量化的观点有何价值呢?我们认为,相比于邹以及其他的分析,本书的思路最大的贡献在于能够充分解释上面的类似句子的"分布制约"。

邹本人也提到:

其聚合语义大都是通过至少两个数目量词的固定搭配体现出来。这种搭配的限制是必要的,如根据这种限制不能形成"每十八个旅客组成这个旅游团"之类的句子。(邹:432)

本书完全认可邹对语料的观察和把握。比如,我们的语感告诉我们,下面的句子是不合语法的:

(19) a. * 每十个士兵编为这个班。

b. * 每两个人骑这匹马。

c. * 每五斤草铺这个炕。

d. * 每四张纸糊这个窗户。

e. * 每五个人坐这只船。

f. * 每三十个人吃这锅饭。

本书提出的思路为上面的限制现象提供了原则的解释。考虑我们前面提到的匹配函数的定义：

(8) 匹配函数 (matching function，MF)

Let A and B be sets, $\pi: \wp(B)^{\wp(A)}$ is a matching function iff

(a) $\forall x \in \{X: X \subseteq \wp(A)\} \, !\exists y \in \{\Delta: \Delta \subseteq \wp(B)\} \rightarrow \pi(x) = y$;

(b) For any elements x and y of X, $x \subseteq y \Rightarrow \pi(x) \subseteq \pi(y)$;

(c) $\forall x_1, x_2 \in X: x_1 \neq x_2 \Rightarrow \pi(x_1) \neq \pi(x_2)$;

(d) Undefined otherwise

以"每十个士兵编为这个班"为例：

(19) a. * 每十个士兵编为这个班。

假设 D = {A, B, C, D, E, F} 是士兵的集合的集合，且 ♯A = ♯B = ♯C = ♯D = ♯E = ♯F = 10, (19a)中包括的可能的分配是：

(20) <A, m>, <B, m>, <C, m>, <D, m>, <E, m>, <F, m>

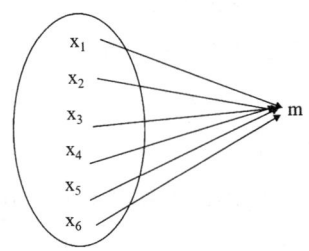

根据匹配函数的定义,如果存在上面的情形,句子将永远为假。但是,在现实世界中,我们很容易找出情形使其为真。正是这一语义上的冲突,导致了句子不可接受。

结论:邹正确解释了相关句子的逻辑语义,却不能揭示这些句子和其他相关现象的内在联系,解释限制现象;本书的分析在真值条件上等价于他的分析,还能解释限制现象。

5.3 独立证据:事件量化与个体量化的分化

我们在上面一节中,讨论了下面的对立现象:

(15) a. 每十个士兵编为一个班。
　　　b. 每两个人骑一匹马。
　　　c. 每五斤草铺一个炕。
　　　d. 每四张纸糊一个窗户。
　　　e. 每五个人坐一只船。
　　　f. 每三十个人吃一锅饭。

(19) a. *每十个士兵编为这个班。

b. *每两个人骑这匹马。

c. *每五斤草铺这个炕。

d. *每四张纸糊这个窗户。

e. *每五个人坐这只船。

f. *每三十个人吃这锅饭。

我们首先讨论了,在上面的例子中,"每"不是划分(partition)算子。所以,我们修正邹的表达式如下。

(21) $\{a \in E; \exists X_1, ... X_n \subseteq A \subseteq E$ 满足: $\sharp X_1 = \sharp X_2 = \sharp X_n = 10 \ \& \ X_i \cap X_j = \emptyset (1 \leqslant i, j \leqslant n) \ \& \ a = SUP(X_i)\} \subseteq \{b \in E; |\{c \in B; Rbc\}| = 1\}$

但是,这样的修正也只能用来分析上面第一组例子的语义,不能解释他们和第二组例子的对立。要解释他们之间的对立,我们需要借鉴本书提出的"匹配函数"的概念。通过比较,我们证明了:本书的分析不但可以正确揭示合格的句子的语义,还可以说明不合格的句子的背后的原因。而现存的分析可以说明分析合格的句子的语义,却不能充分说明类似上面两组句子之间的对立现象。到目前为止,我们认为分析和证明基本上是充分的。

对于上面的现象,还有另一种分析。我们可以不认为上面的句子中的"每"是分配量词,句子中有一个隐含的分配量词。这种分析很有吸引力,因为这些例子中的"每"都可以省略,而不影响句子的语义。比较:

(14) a. 十个士兵编为一个班。
　　 b. 两个人骑一匹马。
　　 c. 五斤草铺一个炕。
　　 d. 四张纸糊一个窗户。
　　 e. 五个人坐一只船。
　　 f. 三十个人吃一锅饭。

上面的句子中全部都没有"每",可是句子的分配量化意义明显。我们是不是可以认为上面的句子中有一个隐含的分配量词呢?这种分析是否可取呢?

如果这种分析正确的话,我们预测,上面的句子中应该可以加入"都"。可是,我们的语感告诉我们,如果我们在合格的句子中加入"都",句子马上变得不可接受:

(22) a. ＊每十个士兵都编为一个班。
　　 b. ＊每两个人都骑三匹马。
　　 c. ＊每五斤草都铺一个炕。
　　 d. ＊每四张纸都糊一个窗户。
　　 e. ＊每五个人都坐一只船。
　　 f. ＊每三十个人都吃两锅饭。

这个现象,超过了我们目前分析的预测。因为,我们知道,大多数情况下,当"每＋(cl)＋NP"位于主语位置时,"都"都是可以插入的。

(23) * 每个学生来了。

对比:每个学生都来了。

(24) * 每个学生唱了《昨日重现》。

对比:每个学生都唱了《昨日重现》。

我们在前面已经对上面句子中的"都"的语义进行了讨论,认为它是一个涉及事件的分配量词(我们将留待第七章讨论"每"的语义)。回顾我们在第二章提到的"每"和"都"的分布情况:

表 5-1 现代汉语中"每"和"都"的分布

	EVERY	Chinese	English	notes
I	[每-cl NP] [$_{VP}$ V [NP indefinite NP]]	√	√	indefinite NP = one man, three men, etc. Type I
II	[每-cl NP] [$_{VP}$ V [NP definite NP]]	*	√	definite NP = Dem + NP
III	[每-cl NP] [$_{VP}$ V [NP indefinite NP]]	?/?	√	indefinite NP = more than three, less than five, etc. Type II
IV	[每-cl NP] [$_{VP}$ VP]	*/??	√	VP = intransitive
V	[每-cl NP] [都 [VP]]	√	NA	VP = V + Indefinite NP (I & II), VP = V + definite NP, VP = intransitive VP, etc.
VI	[indefinite NP [VP [V 每-cl NP]]]	√	√	

(25) a. 每个男人喜欢一个女人。

b. 每个男人 *(都)喜欢这个女人。

c. 每个男人?(都)喜欢三到五个女人。
d. 每个男人*(都)来了。
e. 有一个人喜欢每个女人。

我们发现,大部分情况下,"每"并不排斥"都"。但是,为什么偏偏在上面的例子中,"都"不能插入呢?

上面不合格例子的存在,一方面说明了通过假设存在隐含的分配量词的分析是不可取的,另外一方面也说明了,我们所讨论的"分配量化",不是对单个的词汇进行语义解释,而是语法结构。单个的词汇不体现独立的语义机制,语法结构才能体现。我们在后面一章还将讨论到,很多语言不是靠单一的分配量词来实现分配量化的,而是依靠别的语法手段。词汇和语法手段,都是蕴含某种语法机制的语法结构的一部分,但是,绝对不是语法结构本身。从这一点说,我们过去很多对"都"和"每"的语义分析,只关注它们的词汇意义,而忽略了它们背后所蕴含的机制,是不可取的。要充分解释"每"和"都"的现象,必须跳出它们的词汇意义,通过更为独立的机制,来推导它们的分布。这种分析,才是充分的、具有解释力的。

话说回来,我们怎么解释上面提到的对立呢?要解释这个现象,还得从"每"和"都"的分工说起。

先回顾前面提到的"匹配函数"。如果我们的论域不仅包括个体,还包括事件的话,这个函数可能的映射有下面的情形(D: domain of individuals, 个体域; E: domain of events, 事件域)。

(26) 匹配函数 π 的映射方式:
(i) $\pi \subseteq D \times D$

(ii) $\pi \subseteq D \times E$

(iii) $\pi \subseteq E \times E$

我们在前面已经提到,对于"都"来说,如果我们的论域里包含事件,它只涉及(26ii)和(26iii)的映射。(26ii)说的是,匹配函数是从个体域(根据代数语义学,是复数个体,类型为 e,而不是 $<e, t>$,下同)到事件域的映射。我们认为,这就是我们平常所讨论到的"都"对个体的量化。那么,如果"每"作为分配量词(注意,是"作为"分配量词,而不是"是"分配量词),是否其语义结构中只包含从个体到个体的映射呢?换言之,我们可以考虑下面的分工。

"每"和"都":分工与协作

a)"每"作为分配量词时,包含一个从个体到个体的映射;

b)"都"作为分配量词时,包含从个体到事件,或者从事件到事件的映射;

c) 这种映射关系是一个匹配函数。

表 5-2 "每"和"都":分工与协作

	映射方式
每	$\pi \subseteq D \times D$
都	$\pi \subseteq D \times E$
	$\pi \subseteq E \times E$

这种分工能够解释前面提到的对立现象。解释之前,我们先来仔细考察这些特殊句式的特点:

(14) a. 十个士兵编为一个班。
b. 两个人骑一匹马。
c. 五斤草铺一个炕。
d. 四张纸糊一个窗户。
e. 五个人坐一只船。
f. 三十个人吃一锅饭。

仔细观察会发现,上面的句子都是没有明确时体标记的句子。如果我们加入时体标记,句子就可以接受,但是,意义截然不同。这个现象,李临定先生和邹崇理先生也都已经注意到:

(27) a. 十个士兵编成了一个班。
b. 两个人骑了三匹马。
c. 五斤草铺了一个炕。
d. 四张纸糊了一个窗户。
e. 五个人坐了一只船。
f. 三十个人吃了两锅饭。

上面的句子如果可以接受,意义显然和没有时体标记的句子不同。以"两个人骑了三匹马"为例,句子的意思是:某两个(特定的)人,骑的马是三匹;骑了三匹马的人是两个。如果有六匹马被骑了,句子为假;如果人数多于两个,句子也为假。与之相反,假设论域中存在4个人,当我们说"两个人骑三匹马",一定是六匹马(或者更多,至少不能少于等于3)被骑,人一定要多于两个。这是典型的分配量化的意义。包含时体标记的句子缺少这部分意义。

(28) 两个人骑了三匹马。≠ 两个人骑三匹马。

a. 两个人骑了三匹马。

图 5-1

b. 两个人骑三匹马。

图 5-2

建立了上面的对立之后,我们可以来讨论"每"和"都"的分工问题以及相关现象的对立了。

如果我们认为,只有有时体(标记)的句子才有隐含的事件论元,上面的对立很好解释。在下面的例子中,因为都没有时体标记,句子不包含事件论元,而"都"是一个只涉及事件的分配量词。"都"的语义要求没有得到满足,因而句子不可接受:

(22) a. *每十个士兵都编为一个班。
　　 b. *每两个人都骑三匹马。
　　 c. *每五斤草都铺一个炕。
　　 d. *每四张纸都糊一个窗户。
　　 e. *每五个人都坐一只船。
　　 f. *每三十个人都吃两锅饭。

而当句子包含了时体标记后,"都"可以插入了:

(29) a. 十个士兵都编成了一个班。
　　 b. 两个人都骑了三匹马。
　　 c. 五斤草都铺了一个炕。
　　 d. 四张纸都糊了一个窗户。
　　 e. 五个人都坐了一只船。
　　 f. 三十个人都吃了两锅饭。

如果上面句子中的无定主语得到特指解(specific)的话,无疑上面的句子都是合格的句子。很容易看出,上面的句子的语义和不含时体标记的句子的语义是完全不同的。

总结:分配句式背后蕴藏着分配量化,而且只包含从个体到个体的分配。"每"的语义结构与这种要求匹配,所以能够进入这种句式;"都"的语义结构中包含事件,因为和这种没有时体标记的表分配意义的句子不匹配,不能进入这种结构。"每"和"都"的分工的不同,恰好能够解释这个非常"特殊"的现象。

5.4 独立证据:否定的阻隔效应

主语位置的"每"作为导致分配量化的分配量词有一个特殊的要求:限制域里的每个个体要与核心域内的一个(不同的)个体产生斯科林化的匹配关系。如果这个要求没有得到满足,就会生成不合法的句子。这样,我们可以解释下面的句子的对立:

(30) a. 每个男人喜欢一个女人。

　　　b. * 每个男人喜欢林志玲。

(31) a. 每个学生写了一份作业。

　　　b. * 每个学生写了这份作业。

(32) a. (每)三个学生住一间宿舍。

　　　b. *(每)三个学生住畅春园3号楼的616宿舍。

(33) a. 每个学生结交了一个不同的朋友。

　　　b. * 每个学生结交了刘德华。

上面不合格的例子,都是因为分配量化的语义要求没有得到满足。这完全符合我们的预测。除此之外,我们还可以预测到分配量化的语义要求被违反的现象:限制域中的个体和核心域中的个体之间的匹配关系被"阻隔"了。其中的原因可能是另外有一个可以量化个体/事件变量的量词,在句法上位于分配量词和不定项的中间。因为这个量词可以给不定项赋值,分配量词的语义要求便没有办法得到满足。在这种情况下,我们可以预测到不合格的句子。"否定"就是这样的例子。

(33) a. * 每个男人不喜欢一个女人。
　　 b. * 每个学生没有写一篇论文。
　　 c. * 每个孩子没有唱一首歌。
(34) a. 每个男人喜欢一个女人。
　　 b. 每个学生写了一篇论文。
　　 c. 每个孩子唱了一首歌。

如果我们认为,上面的句子具有下面的句法结构的话,则上面的不合格的句子也符合我们的预测(我们假设,否定词会引出一个量词性的否定短语的投射):

(35)

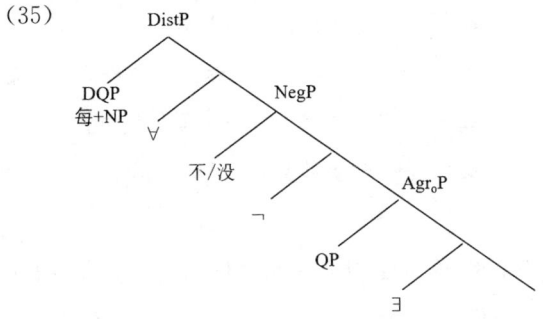

因为否定项是量词性的,可以约束位于其辖域内的不定项。当这个约束关系完成后,不定项不能提供给分配量词合适的可供共生变异(co-variation)的变量,导致分配量化的语义要求无法满足。这也就是为什么有否定的句子不合格的原因。

5.5 和前人分析的比较

5.5.1 和 Lin (1998) 的比较

Lin(1998)把"每"处理为广义的并集算子,认为"每"的语义功能是取一个集合,然后返回这个集合的最大并集。

(36) Lin 的解决方案:

$[[mei\text{-}(cl)]] = $ that function f such that for all $P \in D_{<e,t>}$, $f(P) = \bigcup [[P]]$ (p. 238)

从类型论的角度看来,如果"每"是广义量词,"都"也是广义量词,就会遇到麻烦。因为作为广义量词的"每"的类型是 $<$et, $<$et, t$>>$,而"都"也应该是 $<$et, $<$et, t$>>$,当句子中既有"每"又有"都"时,就会有语义组合上的问题。Lin 的处理,解决了这个问题。可是,我们看到,Lin 并没有真正解决"每"和"都"的共现现象。换言之,Lin 不能说明为什么下面的句子不合法:

(37) a. * 每个人来了。
b. * 每个学生迷林黛玉。
c. * 每三个学生住畅春新园 1 号楼 207 房间。

比较:

(38) a. 每个学生走了一里路。

　　　　b. 每个学生迷一个红楼梦中的人物。
　　　　c. 每三个学生住一间畅春新园的宿舍。

同样的,Lin 也不能说明为什么否定会影响句子的可接受性:

　　(39) a. * 每个男人不喜欢一个女人。
　　　　b. * 每个学生没有写一篇论文。

　　Lin 的分析,解决了语义类型论上的一个问题,却没有对语言事实提供充分的解释。本书的分析,能够解释更多的事实。
　　5.5.2　和 Huang(1996)的比较
　　Huang(1996)提出:

　　(40) Huang 的解决方案:
　　　　"每"是一个斯科林化的全称量词,它要求在它的辖域内有一个词汇化的变量来允准这样的斯科林化的全称量化;"都"是基于事件的加合算子。(pp. 25—39)

　　我们前面提到,Huang 的处理首先是高度规定性的,其次不能涵盖所有的事实。她的分析预测到,"每"不能在宾语位置上出现,因为当"每"出现在宾语位置时,"每"的辖域内将不会有词汇化的变量出现(在辖域冷冻的现代汉语中,量词提升这样的操作的作用是被充分中和了的)。事实上,"每"可以自由地出现在宾语位置:

　　(41) 有一个人读了每本关于汉语量化的博士论文。

可能的解读：∃>∀

不可能的解读：∀>∃

(41)不允许"每本博士论文"相对于主语位置的"有一个人"取宽域。如果"每"是一个斯科林化的全称量词，它在(41)里如何得到允准是一个问题。

本书的分析，吸收了 Huang 的某些精神，能够处理"每"和"都"的共现问题，同时，大大减少了规定性的因素。关于"每"的主宾不对称问题，我们将在下面的一章专门讨论。

5.5.3 和 Yang(2001)的比较

Yang 认为，现代汉语中的"每"具有下面的语义：

(42) $[[每]] = \lambda P \lambda Q(\exists X(\forall x(x \in X \leftrightarrow P(x)) \wedge Q(X))$ (p. 93)

应该来说，Yang 很好地处理了"每"和"都"共现的问题。但是，因为 Yang 没有提到"每+NP"在宾语位置的情况，我们不清楚他的分析是否可以顺延到这种现象。因为，至少，这种顺延不是那么直接的。考虑下面的例子：

(43) 校长接见了每个学生。

因为$[[每个学生]] = \lambda Q(\exists X(\forall x(x \in X \leftrightarrow (book'(x) \& Cl'(x) = 1) \wedge Q(X))$，类型是<et, t>。"接见"的类型是<ee, t>，这两者不可以组合。我们不清楚 Yang 的分析如何照顾这类现象。这也就是说，Yang 的分析，在语义上可以处理"每+NP"在宾语的问题，但是，从理论上来说，还是存在一定的问题的。

应该来说,Yang 相比于 Lin 和 Huang 更能处理"每＋都"共现的现象。但是,Yang 的分析也不是全面的。考虑下面的例子:

(44) a. 每个男人喜欢一个女人。
    b. 每个男人＊(都)喜欢这个女人。

(44)的对立对于 Yang 来说,构成了两个问题:(1) 他的分析不能解决(44a)和(44b)的对立;(2)(44a)不但具有全称量化力,并且具有分配量化力。但是,(44a)中没有"都",那么,分配量化力从何而来需要解释。

而在我们的分析中,因为"每"是一个分配量词,上面的对立迎刃而解(因为分配量化要满足双层语义结构的要求)。因为"每"本身就是分配量词,具有分配量化力,所以,即使"都"不出现,分配量化力依然存在。Yang 所面对的两个问题,运用我们的方案可以得到很好的解决。

结论:我们简单讨论了当前关于"每"和"都"在形式语义学框架内的三种主要的分析方案。我们看到,每种分析方案都能照顾到一定的语言事实,但是,没有哪种方案能够涵盖全部事实。跟现有的分析不一样的是,本书在某种意义上撇开了"都"/"每"的词汇语义的问题,而着眼于寻找相关现象背后的普遍机制。这种思路,被证明是行之有效的。通过寻找深层的机制,我们发现,很多难题可以得到新的处理。我们在这里得到的启发是,着眼于某些词汇的具体的词汇语义不是不可取,普遍语法更应该关注相关现象背后的普遍规律。这可以看作是"都"量化及其相关现象对形式语义学理论的一大贡献。

5.6 结论

本章讨论了"每"和"都"的协作与分工问题。如果我们的论域里包含事件,存在三种可能的映射。

(26) 匹配函数 π 的映射方式:
    (i) $\pi \subseteq D \times D$
    (ii) $\pi \subseteq D \times E$
    (iii) $\pi \subseteq E \times E$

当"每"和"都"作为分配量词时,它们之间有分工的不同。

"每"和"都":分工与协作
a) "每"作为分配量词时,包含一个从个体到个体的映射;
b) "都"作为分配量词时,包含从个体到事件,或者从事件到事件的映射;
c) 这种映射关系是一个匹配函数。

表 5-3 "每"和"都":分工与协作

	映射方式
每	$\pi \subseteq D \times D$
都	$\pi \subseteq D \times E$
都	$\pi \subseteq E \times E$

上面的分析,能够说明大部分的"每"和"都"的分布现象。同时,还能为不包含时体标记的分配句子提供一个更好的解释。我们发现,不包含时体标记的句子能接受"每",但是不能接受"都"。这和我们分析的预测一致。

本章的分析还有进一步的独立的证据。与"否定"有关的阻隔现象进一步证明了本章的思路的正确性。

此外,本章还讨论了"每"的其他分析。通过对语料的仔细推敲,我们认为,"每"不是划分算子。关于"每"与"都"共现时的语义,我们将留待第七章再行讨论。

第六章　对跨语言分配量化的启发

6.1　解释汉英语在表层形式上的对立

我们在上一章提到,分配量化有双层语义结构:标准的全称量化加上匹配函数量化。如果这是自然语言的分配量化共有的属性的话,我们可以在其他的自然语言中找到类同汉语的证据。可是,仅从表面看来,这样的证据不易寻找。以英语为例,与汉语不同的是,英语中的分配量词"every"不受汉语的"每"那么多的限制:即使宾语是有定的,或者动词短语是不及物的,"every"都能出现。

(1) a. Every girl ate an apple.
　　b. Every girl admires her father.
　　c. Every girl admires Madonna.
　　d. Every girl smiles.
　　e. Every girl chose the textbook (assigned by the syntax teacher).

但是,与汉语一样的是,当谓词是集合性谓词的时候,"every"不能

出现:

(2) a. * Every man gathered at dawn. (Gil 1996：322)
   b. * Every man surrounded the speaker after the meeting.

上面英语、汉语对立的情况并不难解释。因为分配量化中包含的匹配函数可以有三种情况:(1) 从个体到个体的映射;(2) 从事件到个体的映射;(3) 从事件到事件的映射。要满足分配量化的要求,只要上面的三个条件满足一个即可。汉语中的两个分配量词——"每"和"都"——存在分工的不同,导致了"每"和"都"的分布不同。但这意味着所有的语言一定有类似汉语的分工的不同。以英语为例,要解释英语中的"every"和其汉语对应形式分布和辖域的不同,我们只需要假设英语中的"every"在实现为分配量词时,可以量化个体,也可以量化事件。这个解释,不需要额外的负担,可以更简洁地说明英、汉语在分配量化的外在形式上的对立。

根据上面的分析,我们可以认为在(1)中的例子中,是"个体—事件"的映射允准了分配量化中的匹配函数。我们前面提到,匹配函数最核心的要求是"共生变异"(co-variation),在考虑到事件的因素后,我们在两个层面得到共生变异的效果:

(3) a. $\{x：x \text{ is an individual}\} \longrightarrow \{u：u \text{ is an individual}\}$
   b. $\{x：x \text{ is an individual}\} \longrightarrow \{<e, x>：e \text{ is an event involves } x\}$
   c. $\{e：e \text{ is an event}\} \longrightarrow \{e'：e' \text{ is an event}\}$

根据上面的分析,(1)中的句子得到允准是因为存在(3b)这样的映射。需要注意的是,因为这里的映射仍然满足共生变异,所以匹配函数的要求得到了满足。以"every girl smiles"为例,我们可以认为:就每个女孩而言,她的笑是迥异于别人的笑的事件。假设 A={Amy, Mary, Eliza, Lucy, Lily},我们可以得到对应的 5 个不同的事件:{ Amy smiles; Mary smiles; Eliza smiles; Lucy smiles; Lily smiles}:

(4) {x: x is a girl}　　　　{<e, x> : x smiles in e}
　　　Amy　——————→　Amy smiles (e_1)
　　　Mary　——————→　Mary smiles (e_2)
　　　Eliza　——————→　Eliza smiles (e_3)
　　　Lucy　——————→　Lucy smiles (e_4)
　　　Lily　——————→　Lily smiles (e_5)

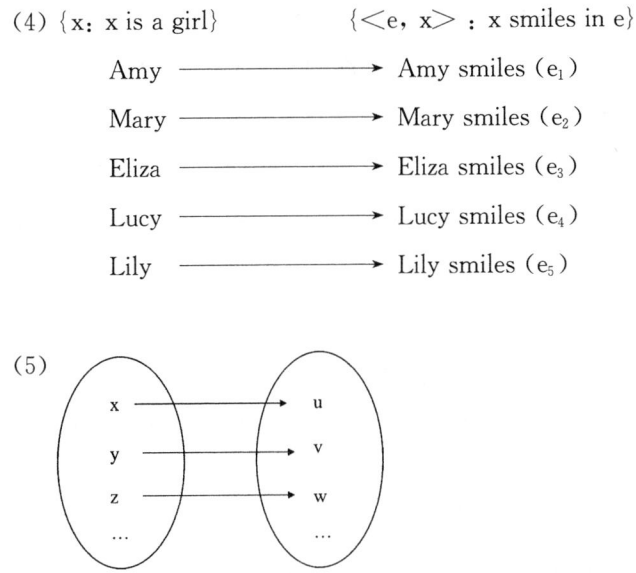

但是,下面的映射关系不会产生共生变异,因而不能允准分配量化中匹配函数的要求:

(6)

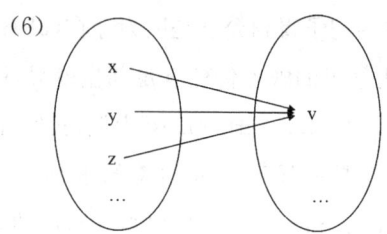

(6)的图示从另外一个角度说明了(2a)和(2b)为什么不可接受:与原子谓词不一样的是,集合谓词一般只指称一个单一的事件,这样,在事件的层次,不会产生迥异性,因为这个单一的事件可以看作是单元集。用我们前面的分析,我们可以得出(1c-e)分别有下面的逻辑式:

(7) a. $\forall x$ (x is a girl $=1 \rightarrow \exists e$ (admires Madonna (e) (x) $\wedge \pi$ (x) $=$e)) ($=$ (1c))

b. $\forall x$ (x is a girl $=1 \rightarrow \exists e$ (smiles (e) (x) $\wedge \pi$ (x) $=$ e)) ($=$ (1d))

c. $\forall x$ (x is a girl $=1 \rightarrow \exists e$ (chose ιy textbook(y)(e) (x) $\wedge \pi$ (x) $=$e)) ($=$ (1e))

语义推导(semantic composition):

(8) a. Every girl admires Madonna.

i. [[admires Madonna]] $=$ $\lambda x \lambda e.$ x admires Madonna (e)

ii. [[every]] $=$ $\lambda P \lambda R \, \forall x$ (P(x)$=$1 $\rightarrow \exists e$ (R(x)(e)

$\quad\wedge\pi(x)=e))$

iii. $[[\text{every girl}]] = \lambda P\lambda R \,\forall x \,(P(x)=1 \to \exists e\,(R(x)(e) \wedge \pi(x)=e))\,(\text{girl})$

$= \lambda R \,\forall x \,(\,x \text{ is a girl} =1 \to \exists e\,(R(x)(e) \wedge \pi(x)=e))$

iv. $[[\text{every girl admires Madonna}]] = \lambda R \,\forall x \,(\,x \text{ is a girl} =1 \to$

$\exists e\,(R(x)(e) \wedge \pi(x)=e))\,(\lambda x\lambda e.\, x \text{ admires Madonna}(e))$

$= \forall x \,(x \text{ is a girl} =1 \to \exists e\,(\text{admires Madonna}(e)(x) \wedge \pi(x)=e))$

b. Every girl smiles.

i. $[[\text{smiles}]] = \lambda x\lambda e.\, x \text{ smiles}(e)$

ii. $[[\text{every}]] = \lambda P\lambda R \,\forall x \,(P(x)=1 \to \exists e\,(R(x)(e) \wedge \pi(x)=e))$

iii. $[[\text{every girl}]] = \lambda P\lambda R \,\forall x \,(P(x)=1 \to \exists e\,(R(x)(e) \wedge \pi(x)=e))\,(\text{girl})$

$= \lambda R \,\forall x \,(\,x \text{ is a girl} =1 \to \exists e\,(R(x)(e) \wedge \pi(x)=e))$

iv. $[[\text{every girl smiles}]] = \lambda R \,\forall x \,(\,x \text{ is a girl} =1 \to$

$\exists e\,(R(x)(e) \wedge \pi(x)=e))\,(\lambda x\lambda e.\, x \text{ smiles}(e))$

$= \forall x \,(x \text{ is a girl} =1 \to \exists e\,(\text{smiles}(e)(x) \wedge \pi(x)=e))$

c. Every girl chose the textbook (assigned by the syntax teacher).

i. $[[\text{chose the textbook}]] = \lambda x \lambda e.\ x\ \text{chose}\ \iota y\ \text{textbook}\ (y)\ (e)$

ii. $[[\text{every}]] = \lambda P \lambda R\ \forall x\ (P(x)=1 \to \exists e\ (R(x)(e) \wedge \pi\ (x) = e))$

iii. $[[\text{every girl}]] = \lambda P \lambda R\ \forall x\ (P(x)=1 \to \exists e\ (R(x)(e) \wedge \pi\ (x) = e))\ (\text{girl})$
$= \lambda R\ \forall x\ (x\ \text{is a girl} = 1 \to \exists e\ (R(x)(e) \wedge \pi\ (x) = e))$

iv. $[[\text{every girl chose the textbook}]] = \lambda R\ \forall x\ (x\ \text{is a girl} = 1 \to$
$\exists e\ (R(x)(e) \wedge \pi\ (x) = e))\ (\lambda x \lambda e.\ x\ \text{chose}\ \iota y\ \text{textbook}\ (y)\ (e))$
$= \forall x\ (x\ \text{is a girl} = 1 \to \exists e\ (\text{chose}\ \iota y\ \text{textbook}\ (y)\ (e)\ (x) \wedge \pi\ (x) = e))$

需要注意的是,单纯的"every"似乎不包含从事件到事件的映射[即(3c)的映射方式]。英语中要表现事件到事件的映射,"every"要处于状语的位置,de Swart (1993),Rothstein (1995),Zimmermann (2002)等对此已经有过不少的讨论。下面的例子来自 Rothstein (1995):

(9) I regretted it every time I had dinner with John. (p. 24)

根据 Rothstein，上面的句子有下面的语义：

(10) $\forall e[[\text{HAVE DINNER}(e) \ \& \ \text{Ag}(e)=I \ \& \ \text{WITH}(e)$
$=\text{John}] \rightarrow \exists e'[\text{REGRET}(e') \ \& \ \text{Ag}(e')=I \ \& \ \text{Th}(e')$
$=e \ \& \ M(e')=e]] \ (M：匹配函数)(\text{ibid. 24})$

有关事件量化中的匹配关系，本书的第三章已经有所讨论，这里不多述。

结论：汉、英语的分配量化都受同样的机制制约，导致两者在表层表现不同的原因还是"表层"的原因：分配量词在汉语实现为两个——"每"和"都"，而且它们存在分工的不同；而在英语中，分配量词只有一个"every"，这导致在很多时候，我们很难区分量化事件和量化个体的不同。但是，来自汉语的证据表明，从描写充分的角度来说，我们有必要区分这两类不同的量化方式。

6.2 两个跨语言的预测

前面的分析包含着一个理论假设：不同语言表层的差异可能仅仅是因为词汇实现的差异，而非不同的词汇实现导致不同的参数差异。这是和传统的功能语法不一样的思路，也和当前某些词汇主义者主张的参数差异来源于特定语言不同的词库的说法不同。

与此同时，我们可以预测到：

预测Ⅰ：如果一个语言中存在分配量词，它可以量化事件，也可以量化个体；

预测Ⅱ：如果某种语言只有一个分配量词（或者对应的语法形式），它一定可以同时量化个体，也可以同时量化事件。当因为某种原因，对个体的量化的解读无法获取时，我们可以获得对事件的量化的解读。

如果这个预测得到更多的跨语言的事实的支持的话，无疑会大大证明本书分析的正确性。下面我们分别考察来自德语、格鲁吉亚语和韩语的语料。

6.3 德语中含"je"的分配量化

在现代德语中，有个分配量词"je"（"each"）。"je"的分布和英语中的"each"不同，"je"不一定要在表层句法上接近其分配域。（正是因为"je"的这种分布，也有研究者把"je"看作是 anti-quantifier）。但是，与汉语"都"和英语的"each"相似，"je"的分配对象一定是复数/有定的。下面的例子来自 Link（1998：120）：

(11) a. Die Kinder bekamen je drei Apfel.
 "The children got three apples each."
 b. (Alle/ ? Beide) Kinder bekamen je drei Apfel.
 "(All the / * both) children got three apples each."
 c. * (Jeder / eom /Kein) Kind bekam je drei Apfel.
 " * (Every /a/no) child got three apples each."
 d. (? einige / * viele / * die meisten) Kinder bekamen je drei Apfel.

"（？Some/＊many /＊most）children got three apples each.

e. Kinderbekamen je drei Apfel.

"＊Children got three apples each."

f. Siebekamen je drei Apfel.

"They got three apples each."

在德语中，无定项如"einige / viele / die meisten"等引导的名词短语不能提供给"je"合适的分配域。这很好理解，因为德语中是存在有定/无定的形态上的区分的。就汉语"都"而言，无定项一定要做特指解读才可以充当"都"的分配对象：

(12) a. 三个学生都来了。（指某三个特定的学生）

b. ？一些学生都来了。（比较：老师中的一些特别的都来了。）

数量短语相比于"一些"等而言，更容易得到特指的解读，这就是为什么大家觉得(12a)要好于(12b)的原因。与此类似，在德语中，当无定项的数量短语得到特指的解读时，"je"也可以出现：

(13) a. Maria gab（？einigen）Kindern je drei Apfel.

"Mary gave (some) children three apples each."

b. Maria gab zwei Kindern je drei Apfel.

"Mary gave two children three apples each."

同汉语类似,(13b)比(13a)好。但是,上面的现象并不能完全说明德语的"je"就等同于汉语中的"都"。"je"作为分配量词时,不但对分配域有语义的要求(即只有复数/有定/特指的名词短语才能提供合适的分配域),还对分配共享成分(distributive share)有语义的要求:只有无定项才可以出现在"je"的辖域内。有定成分(如专有名词,有定名词短语等)都不能出现在"je"的辖域内担当其分配共享成分[详细的讨论见 Choe (1987), Link (1998), Zimmermann (2002)等]。下面的例子来自 Link (1998:123):

(14) a. *Die Kinder bekamen je (viele /weinige) Apfel.
"The Children got (many/few) apples each."
b. ?? Die Kinderbekemen je (mindestens / hochstens) drei Apfel.
"The children got at least /at most three apples each."
c. *Die Kinderbekamen je (den/jeden) Ball.
"The children got the/every ball each."

但是,这里有一些边缘的例子。当"je"的辖域内包含关系项(如"父亲"等)时,有些人觉得句子可以接受:

(15) ? Die Madchen nannten je ihren Vater (als) ihren besten Freund.
" * The girls called their father each their best friend."

上面(14)—(15)所表现出来的德语的"je"的情况,不能不使人联想到它与汉语中的"每"的相似性。回顾我们前面讨论的"每"的分布,我们发现,与德语一样,(14)对应的汉语含有"每"(但是不含"都")的句子都不能说:

(16) a. *每个孩子得了(一些/许多)苹果。
　　 b. *每个孩子得了最少/最多三个苹果。
　　 c. *每个孩子得了那个/每个球。

(15)对应的含有"每"的句子可以接受:

(17) 每个女孩认为自己的父亲是自己最好的朋友。

有趣的是,当上面提到的德语句子换成汉语含"都"的句子时,都能接受:

(18) a. 孩子们都得到了一些/许多苹果。
　　 b. 孩子们都得到了最少/最多三个苹果。
　　 c. 孩子们都得到了这个/每个球。

总结我们前面的讨论,关于德语的"je",我们似乎可以得出下面的结论:

(a) "je"的分配对象必须是(语义上)复数的,有定的(或者特指的);

(b)"je"的分配共享对象(位于其辖域内)必须是无定的(或者关系项)。

本书提出的分配量化的机制为上面总结到的德语中的"je"的分布规律提供了直接的解释。比较分配量化在汉语和德语中的不同词汇实现,我们似乎可以得到下面的结论:

表6-1 德语的"je"和汉语的"每""都"

德语		汉语
je	?=	每
		都

但是,上面的"等号"不这么容易得出。我们前面提到,汉语中的"都"还可以量化事件,即包含从事件到事件的映射。当汉语的"都"是纯粹的事件分配量词时,并不要求在句法表层出现语义上复数/有定的成分,如下面的例子:

(19) a. 我都上北大网。
　　　b. 我都买呢子的衣服。
　　　c. 我都说英语。

考虑前面小节中提到的预测:

预测Ⅱ:如果某种语言只有一个分配量词(或者对应的语法形式),它一定可以同时量化个体,也可以同时量化事件。当因为某种原因,对个体的量化的解读无法获取时,我们可以获得对事件的量化的解读。

如果"je"是德语中对应的分配量词的话,我们没有理由不会预见上面的"预测 II"的实现。那么,德语中的"je"可以如同汉语中的"都"一样量化事件吗?答案是肯定的。

Josef Bayer (p.c.)曾经提到过,并不是在所有的情况下,"je"都需要一个语义上是复数的/有定的名词性成分作为其句法表层的分配域。当句法表层没有语义上是复数的/有定的成分出现时,句子会得到量化事件/情景的解读:

(20) a. Je ein Student schwamm.
　　　　Je one student swim
　　　b. Jeein Student hustele.
　　　　Je one student coughed

根据 Bayer,(20a)和(20b)分别具有下面的解读:

(20a) = "There are as many swimming events as there are students."
(20b) = "there is a stretch of time $t_1...t_n$ such that for each of t_n, one single student coughed (i.e. no collective coughing)"

这个观察说明,德语的"je"同汉语的"都"一样,作为分配量化,包含一个从事件到事件的映射。

实际上,Link 也提到,"je"的量化对象可以由表层句法的成分提供[他称之为"内部解读"(internal)],也可以由通过语境等决定的外部成分提供[他称之为"外部解读"(external)]。很容易看出,他所谓的"外部解读"即相当于我们所谓的量化事件的解读。当句子不含复数名词短语时,"je"只能得到外部解读。下面的例子来自 Link (1998:224—225):

(21) a. Die Touristen kauften eine Eintrittskarte.(分配解读＋集合解读)

"The tourists bought an admission ticket."

b. Die Touristen kauften je eine Eintrittskarte.(只有分配解读)

"The tourists bought an admission ticket each."

(22) a. Die Zollbeamten pruften je einen Koffer.(分配解读)

"The customs officers checked a suitcase (each / each time)."

b. Der Zollbeamte prufte je einen Koffer.(分配解读——只有事件解读)

"The customs officer checked a suitcase (each time)."

"*The customs officer each checked a suitcase."

同理,在下面的(23a)中,句子只有事件解读,而在(23b)中,因为我们的世界知识排除了"同一只苹果在不同的筐中腐烂"的情况,句子有内部解读。(23c)有歧义:

(23) a. Je eine Apfel war faul.(事件解读)

"An apple was rotten each time."

b. Je eine Apfel lag in den Korben.（内部解读）

"An apple each was in the baskets."

c. Je drei Apfel lagen in den Korben.（有歧义，但是，internal >external）

"Three apples each were in the baskets."

下面的含有"je"的句子(24a)只有事件解读，但是，(24b)有歧义：

(24) a. Je eine Dolmetscher begleitete zwei Diplomaten.

（事件解读）

"An interpreter each accomplied two diplomats."

b. Jeeinen Dolmetscher erhielten zwei Diplomaten.

（事件解读；内部解读）

"[An interpreter each]$_{OBJ}$ got [two diplomats]$_{SUBJ}$."

讨论到这里之后，我们基本可以得出结论：德语中的分配量化一样要受到本书所提出的分配量化的机制的制约。德语与汉语相比，唯一不同的是分配量化中的三种映射机制在汉语中分别由两个不同的分配量词来实现，而在德语中，"je"同时是三种映射的实现。

根据本书提出的分析，我们可以给出上面含"je"的德语例子下面的语义表达（需要注意的是，同汉语一样，在德语中，语境同样也可以提供适配的量化对象）：

(25) a. Je eine Apfel war faul. =

$\forall e\,(\exists x\,(\,x \text{ is rotten}) \rightarrow \exists e'\,(\exists y\,(\,(\text{apple}\,(y)\,\&\,y \text{ is rotten}\,(e')\,)\,\&\,\pi(e)=e'))$

b. Jeeine Dolmetscher begleitete zwei Diplomaten. =

$\forall e\,(\exists x\,(\,x \text{ accomplied two diplomats}) \rightarrow \exists e'\,(\exists y\,((\text{interpretor}\,(y)\,\&\,y \text{ accomplied two diplomats}\,(e')\,)\,\&\,\pi(e)=e'))$

类似的现象不仅出现于德语,还出现于其他语言中。下面简单讨论格鲁吉亚语和韩语中的分配量化情况。

6.4 格鲁吉亚语

在格鲁吉亚语(Georgian)中,分配量化往往通过重复数词来实现[参见 Gil(1988,1996)]。在(26a)中,当通格(absolutive)标记的名词短语的数词重复后,句子得到分配性的解读:(两个男人),每个都搬了三个箱子(最多可以是六个箱子);在(26b)中,当主格标记的名词短语中的数词重复时,句子得到另外一种分配解读:(三个箱子),每个都被两个男人搬了(一共是三个箱子)。但是,除了对个体的量化,重复数词还可以得到对事件的量化的解读。当分配量化作用的对象是事件时,分配域往往通过语境/语用来提供。所以,(26a)也可以表示这样的意思:同一组男人每次都搬了三个箱子。同德语一样,在[NP1 DIST NP2]这样的格式中,如果重复的NP1 在同一个句子中找到另外一个复数的 NP2,则 NP2 可以担当分配域;但是,NP1 也可以同时和外在的先行语(一般是隐含的,由语境决定的)发生关系,得到分配解读。这两种分配解读(量化事件/量化个体)在真值语义上是不同的。下面的例子来自 Gil(1998:1044—1047):

(26) a. Orma k'acma sam-sami čanta c'aigo.[原文(7b)]
two-erg man-erg three-dist-abs suitacase-abs carried-3sg
(i) "Two men carried three suitcases each."
(ii) "Two men carried three suitcases each time."
b. Or-orma k'acma sami čanta c'aigo.[原文(11a)]
two-dist-erg man-erg three-abs suitcase-abs carried-3sg
(i) "Three suitcases were carried by two men each."
(ii) "Three suitcases were carried by two men each time."

通过分析格鲁吉亚语中的分配量化,我们很容易发现它和汉语中的分配量化的共同之处。要说有所不同,那就是分配量化在汉语中实现为两个分配量词,而且其中有分工的不同;而在格鲁吉亚语中是通过一个语法手段(重复数词)来实现的。

根据本书的分析,我们很容易给出上面(26a)的例子所有的两种不同的语义表达:

(27) a. $\forall x\ (x \leqslant * 2\ \text{men} \rightarrow \exists e\ (\text{carry-three-suitcases}\ (e)$

(x)∧π(x)=e))

b. ∀e（e≤PROP（E）→ ∃e'（two-men-carry-three-suitcases（e'）∧π(e')=e))

与此同时,与汉语的"都"量化有着惊人相似之处的是,格鲁吉亚语中对事件的分配量化也需要语境来提供一个往往是隐含的先行语。再来思考汉语中的例子,如"我都买呢子的衣服/我都说英语"等,我们不能不得出结论:分配量化有普遍的机制。而对汉语现象的进一步挖掘和深入研究,也不能离开对其他语言的相关事实的发掘和分析。

6.5 韩语中的分配标记"ssik"

在汉语、德语、格鲁吉亚语中发现的分配量化可以作用于个体,也可以作用于事件的情形还可以在另一种东亚语言——韩语中找到证据。下面的例子来自Choe（1987）：

(28) a. ［ai-tul］-i　　［phwungsen-hana］-rul sa-ess-ta
（集合解读）
Child-pl-nom balloon-one-acc　　bought
"The children bought a balloon."

b. ［ku-tul］-i　　［phwungsen-hana］-rul sa-ess-ta
（集合解读）
he-pl-nom balloon-one-acc　　bought
"They bought a balloon."

(29) a. [ai-tul]-i　　[phwungsen-hana-ssik]-rul sa-ess-ta
（分配解读）
Child-pl-nom balloon-one-dist-acc　　bought
"The children bought a balloon."

b. [ku-tul]-i　　[phwungsen-hana-ssik-]-rul sa-ess-ta
（分配解读）
he-pl-nom balloon-one-dist-acc　　bought
"They bought a balloon."

(30) a. na-nun [phwungsen-hana]-rul sa-ess-ta
I-top　　balloon-one-acc　　bought
"I bought a balloon."

b. na-nun [phwungsen-hana-ssik]-rul sa-ess-ta　（分配解读——事件）
I-top　　balloon-one-dist-acc　　bought
"I bought a balloon (at several occasions)."

同汉语一样，韩语中的分配量化也是被显性标记的（overtly marked）。韩语有一个分配标记"ssik"。在(28a-b)中，因为句子缺乏分配标记，句子只有集合解读；在(29a-b)中，主语 NP 所指称的复数个体担任了分配量词的分配域；而在(30b)中，虽然句子没有复数 NP 担当"ssik"的分配对象，句子仍然可以接受。但是，这两个句子只有对事件量化的分配解读。某些由语境/语用决定的事件可以担当分配量词的分配域。比如(30b)，如果这个由语境/语用决定的现行事件是去玩具商店的话，(30b)可以理解为：每次去玩具商店，我都买一个气球。

相比于德语、格鲁吉亚语等,韩语中包含 ssik 的分配量化不仅仅在背后的机制,就连在表层的形式都和汉语有着惊人的相似之处。我们很容易得出上面的三组例子对应的汉语句子:

(31) a. 孩子们买了一个气球。(集合解读)
    b. 他们买了一个气球。(集合解读)

(32) a. 孩子们都买了一个气球。(分配解读)
    b. 他们都买了一个气球。(分配解读)

(33) a. 我买了一个气球。
    b. 我都买一个气球。

下面的逻辑式分别对应(29a-b),(30b)的语义:

(34) [[[ai-tul]-i [phwungsen-hana-ssik]-rul sa-ess-ta]]
$= \forall x (x \leqslant * child \rightarrow \exists e (x \text{ bought a ballon} (e) \wedge \pi(x) = e))$

(35) [[[ku-tul]-i [phwungsen-hana-ssik-]-rul sa-ess-ta]]
$= \forall x (x \leqslant they \rightarrow \exists e (x \text{ bought a ballon} (e) \wedge \pi(x) = e))$

(36) [[na-nun [phwungsen-hana-ssik]-rul sa-ess-ta]] $= \forall e (e \leqslant PROP(E) \rightarrow \exists e' \exists x (ballon (x) \& \text{ I bought } x (e') \wedge \pi(e') = e))$

(36)意为:就某些由语境/语用决定的事件而言(比如我逛玩具商

店),每次这个事件都和我去玩具店买一个气球的事件匹配。同汉语一样,这里的匹配不一定是"等同"的关系,即假如我在玩具商店也买了别的东西(比如维尼熊),句子不会为假。

韩语中含 ssik 的分配量化还有另外一个贡献:它说明当分配量词的作用对象是事件时,分配量词绝对不会完全等同于排他算子 ONLY。这进一步证明了我们在第三章对"都"的事件量化的分析的正确性。

6.6 跨语言的变异:句法不能做什么?

本书给出的关于分配量化跨语言的变异的分析对于揭示其他的语言变异问题也有启发。过去几十年来,大部分针对跨语言变异的研究都集中在句法领域。我们对于句法的跨语言变异没有疑问,但是,是不是所有的问题都是句法问题呢?其中,论元结构的跨语言变异[比如:汉语中谓词对论元的无选择限制对比英语谓词对论元的严格选择限制,参见 Huang (2006)],格特征的形态实现与核查等,应该都是句法领域内的问题。但是,和分配量化/全称量化有关的辖域现象(scope)是否一定归于句法领域内的问题呢?从 May (1977)到现在,大多数语言学家认为"辖域"问题是句法问题,是句法操作决定的解读[这个思路的打破,直到 Reinhart (1997)的出现: Reinhart 提到,辖域中,句法和语义有不同的分工,我们对辖域问题应该重新思考]。这种思路还被应用到了跨语言的辖域变异的研究。怎么解释英汉语在辖域表象方面的不同,是当前的热点问题之一。可惜迄今为止,没有很好的结论。我们先来回顾几个涉及全称量词和无定项的辖域问题的基本的事实。

(i) 汉语中主语位置的全称量词不能相对于宾语位置的无定项取狭域的解读①；英语中主语位置的全称量词可以相对于宾语位置的无定项取狭域的解读。

(37) a. 每个学生看了一场电影。

　　OK：For all x, x is a student such that each x watched a (different) movie.

　　NO：For a specific movie, say, *Nanking, Nanking!*, each student watched it.

　　($\forall > \exists$；* $\exists > \forall$)

b. Every student watched a movie.

　　($\forall > \exists$；$\exists > \forall$)

(ii) 汉语中主语位置的无定项不能相对于宾语位置的全称量词（短语）取狭域的解读；英语中主语位置的无定项可以相对于宾语位置的全称量词（短语）取狭域的解读。

(38) a. * 一面红旗插在每座建筑物前面。

　　(* $\forall > \exists$；$\exists > \forall$)

b. A flag stands in front of every building.

　　($\forall > \exists$；? $\exists > \forall$)

---

① Aoun & Li (1989) 提到，在被动句中，主语位置的量词可以相对于宾语位置的量词取狭域的解读，如下面的例子：
每个女人都被一个男人抓走了。($\forall > \exists$；$\exists > \forall$)
本书不讨论被动句的情况，一方面是对于他们对语料的判断，笔者存疑；另外，这些现象毕竟特殊，对它们的忽略，不会影响本书整体的分析。

一直以来，大家认为上面讨论的辖域变异问题是句法的问题。本书提出的分析的另一个启发就是：让句法的归于句法，让语义的归于语义。与 Reinhart 的精神一脉相承的是，我们也认为并非所有的辖域问题都是句法问题，有些是语义的问题。语义变异，同句法变异一样，同样是普遍语法研究应该探索的一部分。树立这个观点之前，我们先来回顾一些现有的分析。

关于量化和辖域，Beghelli & Stowell (1997) 提出了一个基于逻辑式(移位)的"混合"分析法("混合"是因为它吸收了 May-类型的"量词提升"理论和 Hornstein-类型的基于"格"核查的特征核查理论)。B&S 假设，不同的量词短语在句法的不同位置生成。英语中由 EVERY 或者 EACH 引导的"分配—全称"量词短语 DQP 总是出现在 DistP 的先行语位置，担当分配语(distributor)的功能；但是，普通的无定项(他们称之为"群指称"量词短语，group-denoting NP, GQP) 既可以在 RefP 的先行语位置生成也可以在 ShareP 的先行语位置生成，不同的出现位置依赖于辖域解读的需要。当普通无定项在 ShareP 的先行语位置生成，位于 DQP 的辖域之内时，它们担当被分配对象(distributee)，在辖域上获得相对于 DQP 取狭域的解读。这个假设(高度规定性的!!)使得他们可以去把握下面的现象：

(39) a. A (different) boy read every book.
　　 b. A (different) boy read each book.
　　 c. * A (different) boy read all the books.
　　 d. * A (different) boy read Ulysses and Dubliners.
　　 e. * A (different) boy read two books.

(40) [RefP GQP [CP WhQPs [AGRsP CQP [DistP [DQP [ShareP [GQP [NegP NQP [AGRoP CQP [VP....

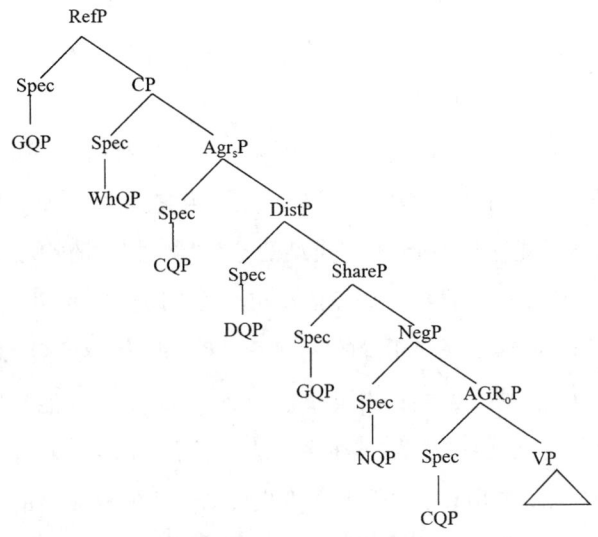

上面的分析可以解释(37b)中的无定项取得狭域解读的情况。那么,怎么解释宾语位置的无定项又可以相对于主语位置的量词短语(如全称量词短语)取宽域的解读的情形呢?B&S假设,在逻辑式层次,GQP还可以位于 RefP 的先行语位置[参见图示(40)],这样,DQP 将位于其辖域之内。这样,我们可以解释(37b)的另外一种解读:无定项相对于主语位置的 DQP 取宽域解读的情况。

那么,(38b)的情况怎么解释呢?在逻辑式层次,高位的 GQP 可以通过重构(reconstruction)回到 ShareP 的先行语位置,从而获得狭域解读。需要注意的是,这个时候,被分配特征只能由一个存在量词来核查(存在量词可以是隐性的,也可以是显性的):

(41) [$_{DistP}$ ∀ [$_{ShareP}$ ∃ (x/e) ...

这里的分析还预测,当对事件的(隐性)存在量化被阻隔时,GQP 的被分配特征将没有办法得到核查,句子将不可接受。"否定"就是这样的一个候选项。一般认为,"否定"是量词性的,可以量化事件。这样,当 DQP 和 GQP 的中间被"否定"阻隔时,因为隐含的事件变量已经被否定量词所量化了,更高位的 DQP 所含的全称量词将没有合适的变量来约束,从而导致 GQP 的被分配特征不能被合适的机制所核查。这样生成的句子是不可接受的。下面的英语例子说明了这个现象:

(42) a. ?? Every boy didn't leave.
     b. ?? Each boy didn't leave.

[罗琼鹏(2009)对上面的分析做了进一步的讨论。有关汉语中"否定"的阻隔作用,请参见本书第二章的部分内容。]

通过这个分析,我们可以得出(38b)的另外一种解读:无定项相对于宾语位置的 DQP 取狭域的解读。B&S 的分析很好地解释了英语中的相关现象。

应该来说,在语义的角度上,B&S 的观点是很接近本书对分配量化的处理的(虽然他们没有明确提到匹配函数量化等)。但是,我们应该看到,他们的句法分析不能顺延到汉语中的现象来,更不用说解释在这一点上英汉语的差异问题。我们前面提到,相比于英语:(i) 汉语中宾语位置的无定项系统性地不能获得相对于主语位置的全称量词短语宽域的解读;(ii) 汉语中主语位置的无定项系统性地不能获得相对于宾语位置的全称量词短语狭域的解读。对于第一种情况,B&S可以假设,汉语中的量词短语和英语不同,是在格位生成(从而没有解读驱动"量词提升"等移位)。但是,这样的"假设"显然和现存的几乎全部的关于无定项和量词的句法分析相冲突。对于第二种情况呢,他们可以说汉语不存在逻辑式上的"重构"(reconstruction)操作。很明显,第二种可能性不能覆盖第一种情形。

近年来,很多研究者提出,语言之间的差异/变异不一定是句法问题,而是词库的差异导致的句法差异(我们称这种观点为"词汇主义",lexicalist)。根据词汇主义的观点,量化和辖域的跨语言的差异最终要归结到一点:不同的语言中,量词短语是不同的。换言之,量词短语生而不同。Liu (1997)用这个思路分析了英汉语中的量词短语在辖域问题上的差异。但是,不同语言的无定项真的生而不同吗?依据这个分析,我们会得出结论:不同语言中的分配量化的机制也是不同的(因为参与的成分的语义/语法属性不同)。

不难看出,就像很多研究者指出的那样[①],词汇主义的思路面临"循环论证"的问题。我们可以把问题问得更深一些:为什么不同的语言词库是不同的?关于这个问题,词汇主义者目前没有原则性的回答。如果词库/词汇差异完全是偶然的/习惯性的,我们会预测到不同的语言之间可能存在不可预测的差异。很显然,这个观点是违反"普遍语法"的诸多基本假设的。我们需要做的,是真正厘清哪些变异问题是句法的,哪些是语义的。过去的许多年来,我们更多地关注了句法变异领域的研究,而忽略了语义变异领域的问题。这种

---

① Peter Svenonious (2009, p.c.)。

忽略,很大程度上阻碍了我们对许多问题(尤其是涉及量化和辖域的跨语言变异问题)的进一步认识。

讨论到此,我们看到汉语中分配量化对语言变异问题的贡献了:有关量词短语的辖域的跨语言的差异,不是句法或者词库的问题(至少和分配量化有关的现象)。自然语言之间在这一点上的差异,是因为不同的语言选择了不同的语义组合方式造成的,和句法/词库无关。这个思路,我们将会在接下来的论述中进一步阐述。

综上,让句法的归于句法,让语义的归于语义。句法与语义,应该各行其道!

6.7 结论

我们在前面的讨论中,提到分配量化所包含的匹配函数,有三种不同的映射:(i)从个体到个体;(ii)从事件到个体;(iii)从事件到事件。汉语中的两个分配量词"每"和"都"之间存在分工的不同:"每"只包含从个体到个体的映射;而"都"包含后面两种映射。这个分析,很好地解释"每"和"都"作为分配量词的分布和语义现象。

我们进一步假设,分配量化具有双层语义结构:标准的全称量化+匹配函数量化具有普遍性。落实到具体的语言之间的差异,完全是同样机制的不同词汇实现的问题。这个观点带来两种预测。

预测Ⅰ:如果一个语言中存在分配量词,它可以量化事件,也可以量化个体;

预测Ⅱ:如果某种语言只有一个分配量词(或者对应的语法形式),它一定可以同时量化个体,也可以同时量化事件。当因为某种原因,对个体的量化的解读无法获取时,我们可以获得对事件的量化的解读。

通过对比考察德语、格鲁吉亚语、韩语以及英语中的分配量化情况,我们发现虽然这些语言的表层都和汉语不一样,它们都受制于同样的深层的机制。德语中的"je"可以量化事件和个体,韩语中的分配标记"ssik"也有同样的功能,格鲁吉亚语中的分配量化(操作)也能同时对个体和事件进行量化。这些跨语言的证据,进一步证明了本书的分析的可靠性。

最后,我们提到了如何解释量化和辖域跨语言变异的问题。我们认为,当前的句法思路(主要是 B&S 的思路)不能解释英汉语之间对立,更不要说更多的语言之间的差异。把所有的涉及量化和辖域的问题归结为句法现象是不可行的。相反,本书提出的基于语义变异的分析思路,更具有可行性。我们坚持并将努力证明下面的关于语义差异的分析思路。

语义变异:总的纲领

自然语言之间在语义上的差异,是因为不同的语言选择了不同的语义组合方式造成的,和句法/词库无关。

我们接下来将讨论到,上面的分析可以更好地解释英汉语中的全称量词和无定项在辖域方面的对立。

本书提出的思路还有助于处理现代汉语语义学中其他几个古老的难题,即(1)"每"和"都"的纠缠;(2)"所有"和"都"的纠缠。我们将在下面的几章里逐一讨论这几个问题,同时展示本书的分析思路的优越性所在。

第七章　再谈"每"和"都"的问题

我们在前面讨论了主语位置上"每"的问题,这一章主要讨论"每"在宾语位置所引发的理论问题及其所揭示的语法机制。

7.1　宾语位置的"每＋NP"所带来的问题

我们前面提到,宾语位置的"每＋NP"引发了一系列的问题。首先的问题是主宾不对称问题。"每＋NP"分布在主语位置时,要受到诸多限制:大部分情况下(当宾语不是无定项,当谓词是不及物动词词组时等),"每"需要"都"的伴同。但是,当"每＋NP"出现在宾语位置时,没有这样的限制。为什么"每"会有这样的主宾不对称问题呢?这个现象背后有什么样的语义机制?

Huang 对现代汉语中"每"和"都"的分析,实际上只考虑了主语位置上的"每＋NP"。"每＋NP"可以在宾语位置几乎不受限制地出现对她的分析构成了问题。但是,我们如何能更好地解释这个问题呢?

在回答这个问题之前,我们先来回顾一些关于"每＋NP"出现在宾语位置的基本语言事实:

(1)(有)一个学生看了每本关于汉语量化的博士论文。

(2)校长接见了每个学生代表。

(3)老师仔细地批阅了每份作业。

(4)每个老师 * (都)仔细批阅了每份作业。

(比较:每个老师批阅了一份作业。)

(5)学生没有看过每本老师指定的参考书。

(1)中有两个量词性的短语,"有一个学生"和"每本关于汉语量化的博士论文"。与英语不同的是,(1)只有一种解读:就某一个学生而言,她/他看了每本关于汉语量化的博士论文。(1)缺乏全称的"每本博士论文"相对于"一个学生"占据宽域的解读[意即,每份博士论文,都有一个(可能不同的)学生看了]。(4)和(5)中的"每+NP"只有占据狭域的解读。在(4)中,当主语是"每+NP"时,"都"必须出现。但是,(4)缺少下面的解读:

(6) $\forall x\,(assignment(x) \rightarrow \forall y\,(teacher(y) \rightarrow examine(y)(x)))$

(6)意为就所有的作业而言,每个老师都批阅了。假如有十份作业,三个老师,则三个老师每个人都批阅了十份(同样的)作业。如果三个老师每个人批阅了不同的十份作业,则(6)为假。然而,(4)只有不同的老师批阅不同的作业的解读而没有(6)的解读。借用我们前面提到的匹配函数的表示,(4)只有下面的真值意义:

(7) $\forall x\,(teacher(x) \rightarrow \exists e\,(\forall y\,(assignment(y) \rightarrow examine(e)(y)(x))\,\&\,(\pi(x) = e))$

假设三个老师,每个老师批阅十份作业。(7)意味着三个老师每人批改了十份(有可能不同的)作业。根据(7),有可能一共有30份作业被批改了(也可能是10份,但这是一种偶然)。(7)和(6)表达的是不同的真值语义。

同理,(5)只允许"否定"相对于"每本老师指定的参考书"占据宽域的解读:

(8) $\neg > \forall (=(5))$

如果比较英语,我们会发现这两种语言在这一点上有迥然不同的语义表现:

(9) a. One student read every PhD thesis on Chinese quantification.
  b. The president met every student representative.
  c. The teacher examined every assignment.
  d. Every teacher examined every assignment.
  e. The student didn't read every reference book assigned by the teacher.

(10) a. $\exists > \forall ; \forall > \exists$
  b. $\iota x. \text{president}(x) > \forall$
  c. $\iota x. \text{president}(x) > \forall$
  d. $\forall x (\text{assignment}(x)) > \forall y (\text{teacher}(y));$
   $\forall y (\text{teacher}(y)) > \forall x (\text{assignment}(x))$

e. ¬>∀;? ∀>¬

实际上,不仅仅是"每+NP",现代汉语中的其他类型的量词短语在宾语位置出现时都不会引起辖域歧义。Reinhart(1997,2006),Szabolcsi(2007)区分了不同量化性质的量词短语:

表 7-1 不同量化类型的量词短语

	(选择函数)普通无定项	广义量词(?)	真广义量词
例子	a man, two girls, some man	less than three, more than three, from three to five, etc.	most

[同时参见 Keenan(1987),Beghelli(1993),Szabolcsi(1997),Kamp & Reyle(1993)等。]

不难看出,在现代汉语中,当上面的各类量词短语处于宾语位置时,几乎都不会导致辖域歧义(如果不是完全不可能的话):

(11) a. 每个老师(都)青睐一个学生。

b. (有)五个同学看了三场电影。

c. 一些学生提了一些意见。

(12) a. 每个老师(都)青睐三到五个学生。

b. (有)五个同学看了四到六部电影。

c. 一些学生提到几条意见。

(13) a. 每个老师都看了大多数的作业。

b. (有)五个同学看了大多数的电影。

如果上面的观察正确的话,我们需要解释的是,为什么英语中的(各类)量词短语相比于汉语更能允许辖域歧义？本研究不打算考察所有的量词短语的逻辑结构，但是，我希望，关于"每"的讨论也可以应用到其他类型的量词短语。因为，至少现在看来，这些问题是系统性地关联在一起的。

但是，除此之外，"每＋NP"在宾语位置时还对现有的一些语义学的思路提出了挑战。其中比较突出的是语义类型论。如何在语义类型论的框架内，维护其基本观点，同时照顾汉语的语言事实，成了比较语义学不可回避的问题。我们在下节将详细阐述这个问题。

7.2 类型驱动的解读和"每＋NP"在宾语位置所引发的问题

"每＋NP"在宾语位置出现时，对于现代汉语形式语义学来说，引发了两类问题：(1) 为什么"每＋NP"不会导致辖域歧义？(2) 语义类型论如何照顾现代汉语"每＋NP"在宾语位置出现的事实？我们在上一节里已经讨论了第一个问题。在本节，我们将介绍第二个问题。

我们在前面的讨论中提到，标准的广义量词理论把所有的量词性的短语看作是广义量词。相应地，量词被看作是从集合到集合之集合的函数。因为一般的句子形式是[Q [NP]] [VP]，如果第一个论元的类型是$<e, t>$，第二个论元，VP 的类型也是$<e, t>$的话，从语义类型上来说，量词具有类型$<<e, t>, <<e, t>, t>>$[参见 Barwise & Cooper (1981)，Keenan & Stavi (1986)，Partee，ter Meulen & Wall (1990)，Keenan (2002)，等等]。"每"在现代汉语中首先是一个分配量词，具有类型$<e, <et, t>>$，"每＋NP"的类型是＜et，t＞。①

广义量词的类型：

[_QP[Q [_DP[D NP]]]] [VP]

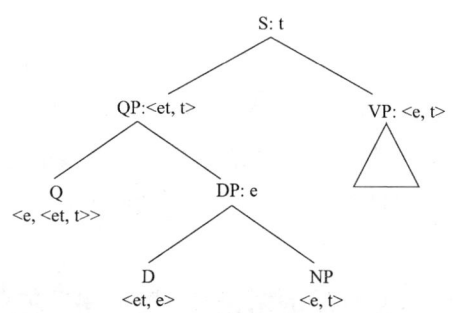

那么,宾语位置上的"每+NP"到底对标准的广义量词理论带来了什么样的挑战呢？要回答这个问题,我们先来回顾一下广义量词理论和类型论的一些基本原则。

一般地,我们认为一个句子是否合乎语法有两种原因:(1)句法上是否可以接受;(2)语义上是否可以接受。因为语义也是核心语法的一部分,如果句子违反了语义的原则,一样会导致句子不合法。句法和语义之间有同态的关系(参见附录)。语义的组合原则,即弗里格(Frege)原则,就是关于这种同态关系(homomorphism)的体现:

(14) 弗里格原则

一个句子的语义是它的组成部分的语义和组成方式的函数。

---

① 参见 Matthewson(2003)。Matthewson 提出,广义量词的创建包含两个部分:(1)创建一个 DP,DP 的类型是 e;(2)量化 DP 所指称的(复数)个体。如果这样的话,广义量词理论的类型应该是＜e，＜et，t＞＞。但是,这和标准的广义量词理论没有本质的区别。因为本研究所依据的是代数语义学,本书从 Matthewson。

(14)的定义其实非常含糊,这也导致了语义学中长达百年之久的争论:在句法和语义之间,到底存在何种同态关系?是否所有语义所需要的信息,都是完全由句法的输入所提供?表层句法能不能充分提供语义运算所需要的材料?本书不打算纠缠于这些问题[最近的讨论可以参见 Jacobson & Barker (2007),Dowty (2007)等],只是坚持,同句法一样,语义也是核心语法的一部分。违反了语义原则,同样会导致句子不合语法要求。在句法和语义之间到底存在什么样的映射关系,是一个纯粹的实证问题。

就语义原则来说,我们首先要定义语义的组合规则。本书下面的讨论基于 Heim & Kratzer (1998),Partee (1995)等。我们首先定义终端节点、非分支节点和函数应用(functional application)[Heim & Kratzer (1998: 43—44)]:

(15) 终端节点(terminal node)
如果α是一个终端节点,α的指称[[α]]在词库中被标示。

(16) 非分支节点(non-branching node)
如果α是一个非分支节点,β是其子节点,那么[[α]] = [[β]]。

(17) 函数应用
如果α是一个分支节点,{β,γ}是其子节点的集合,[[β]]是包含[[γ]]的函数,那么,[[α]] = [[β]]([[γ]])。

(18) 解读性原则
一个短语结构的所有节点必须包含于解读函数"[[ ]]"中。

有了上面的定义，我们就可以做语义推导了。但是，语义推导怎么进行呢？在当代形式语义学中，广泛采用的是基于类型的语义解读（或称类型驱动的语义解读，type-driven interpretation）。这个概念来源于 Ewan Klein 和 Ivan Sag 的文章《类型驱动的翻译》。

本研究假定有三类基本的类型：

表 7-2 语义的基本类型

	个体的类型 e	真值条件的类型 <e, t>	事件的类型 v
举例	北京，张三，the man	喜欢李四，老师（张三是老师），漂亮（花儿漂亮）	张三来了。王五在做作业。

除了上面的简单类型外，类型还可以组合成更复杂的类型：

表 7-3 类型组合

	语义表示	对应语言形式
<e, <e, t>>	从个体到属性的函数	及物动词
<<e, t>, <e, t>>	从属性到属性的函数	定语性形容词
<e, <e, <e, t>>>	从个体到个体到属性的函数	三元谓词
<<e, t>, <<e, t>, t>>	从属性到属性的函数	广义量词

很容易看出，一般的及物动词的语义类型是<e, <e, t>>。当及物动词和一个类型为 e 的成分组合后，得到类型<e, t>，后者再与个体组合，得到类型 t。

(19) 张三喜欢林妹妹。

张三：e

喜欢<e, <e, t>>

林妹妹：e

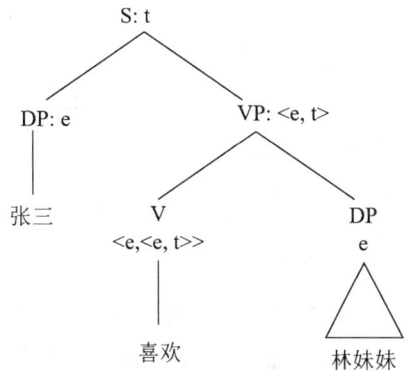

语义组合规则：

a. [[林妹妹]] = linmeimei （e）

b. [[喜欢]] = λx ∈ D_e. λy ∈ D_e. like(y)(x) （<e, <e, t>>）

c. [[喜欢林妹妹]] = [[喜欢]]([[林妹妹]])
    =λx ∈ D_e. x like Lin Meimei （<e, t>）

d. [[张三]]=ZS （e）

e. [[张三喜欢林妹妹]] = [[喜欢林妹妹]]([[张三]])
    =λx ∈ D_e. x like Lin Meimei (ZS)
    = ZS likes Lin Meimei

在当代形式语义学中，函数应用被认为是最主要的〔即使不是唯一的，见 von Fintel & Matthewson (2008)〕语义组合规则。根据上面的讨论，我们可以很容易得出下面的句子是不合法的：

(20) a. *张三爱。

b. *张三来常常学校。

如果我们认为在句法和语义之间存在某种同构关系,上面(20)的两个句子的不合语法很好得到解释。在(20a)中,及物动词"爱"的类型是<ee, t>,也就是说,"爱"是从个体到个体到集合的函数。但是,在(20a)中,只有一个个体论元"张三",最后,不管是取"张三"做函数还是"爱"做函数,经过函数应用后,所得到的类型是<e, t>,不是真值条件<t>。这违反了前面提到的"解读原则"。(20b)的问题类同。"学校"可以看作是个体论元,类型为<e>,但是,"常常"是状语性修饰成分,其主要语义功能是指称一个从属性到属性的函数,其类型应该为<et, et>:

$$[[常常]] = \lambda P \in D_{<e, t>}. \lambda x \in D_e. x \text{ always } P$$

也就是说,"常常"如果被看作是函项的话,其直接论元应该是一个类型为<e, t>的谓词而不应该是个体论元。(20b)的表层句法结构决定了"常常"的直接论元是个体论元,在没有别的办法满足语义解读原则的条件下,(20b)是不合法的。但是,这不代表(20b)类的句子在自然语言中总是不合法。(20b)在法语中是合法的,原因之一是因为法语中存在动词移位。也就是说,在法语中,在相应的语义推导层上,"常常"所修饰的仍然是一个谓词,而不是表层句法所体现出来的个体论元。

简单地回顾了类型驱动理论的一些基本原则后,我们能说明为什么现代汉语中的"每+NP"对当前的理论来说,是一个重要的研究课题了。实际上,宾语位置的量词短语所引发的问题是一个非常古老的问题。这个问题可以追溯到亚里士多德。中世纪的哲学家和逻辑学家想尽了各种办法来解决它,都没有成功。[见 Heim & Kratzer(1998:179)]就现代汉语来说,问题更加尖锐:因为与英语不同的是,现代汉语中宾语位置的量词短语系统性地,几乎是一致地,不会导致辖域歧义。这个独特的现象,可能迫使我们重新思考语义组合的某些基本原则。

回到具体的问题。先看下面的例子:

(21) 校长接见了每个学生。

语义推导:

  a. [[校长]]= 校长

  b. [[接见]] = $\lambda x\, \lambda y.\ y\ \text{meet}\ x$

  c. [[学生]] = $\lambda x.\ x\ \text{is a student}$

  d. [[每]] = $\lambda P\, \lambda Q\, \forall x\, (Px \to Qx)$

  e. [[每个学生]] = [[每(个)]]([[学生]])

     = $\lambda P\, \lambda Q\, \forall x\, (Px \to Qx)\,(\lambda x.\ x\ \text{is a student})$

     = $\lambda Q\, \forall x\, (x\ \text{is a student} \to Qx)$

  f. [[接见每个学生]] = ?

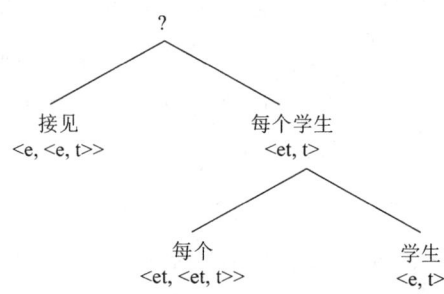

在当代语义学的文献中,关于上面的问题有两类解决方案:可变语义类型和量词(短语)移位。我们将在下面的讨论里仔细讨论这两种处理方案。需要注意的是,现代汉语中的量词短语和很多印欧语言在辖域方面的表现很不一样。这使得我们有必要重新思考当前的某些理论。这也可以看作是现代汉语语义学对当前的语言学的贡献之一。

7.3 可变语义类型

经典语义学中关于名词性成分(NP)的语义解释和类型总结如下表:

表 7-4　名词短语的语义解释与类型 Partee(1987)

NP	语义翻译	语义类型
(1) John	MG: $\lambda P.\ P(j)$ j	$\langle et, t \rangle$ e
(2) he_n	MG: $\lambda P.\ P(x_n)$ x_n	$\langle et, t \rangle$ e
(3) every man	MG: $\lambda P\ \forall x\ (man'(x) \rightarrow P(x))$	$\langle et, t \rangle$

续 表

NP	语义翻译	语义类型
(4) the man	MG: λP ∃x ∀y((man'(y) ↔ y=x) & P(x)) (i) ιx. man'(x) (ii) λx (man'(y) → ∀y (man'(y) → y = x))	<et, t> e <e, t>
(5) a man	MG: λP ∃x (man'(y) & P(x)) (i) man' (ii) Kamp-Heim: x_i	<et, t> e e
(6) dogs	(i) Chierchia: ∩ dogs' (ii) Carlson: λP. P (∩ dogs') (iii) dog'	e <et, t> e

Partee(1987)指出各类名词性成分的语义类型可以发生转换,即语义类型转换原则(type-shifting principles)(Partee,1987;Chierchia,1998),如下:

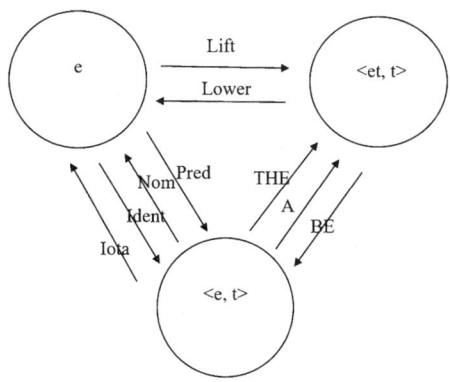

各种语义类型转换的定义如下表:

表7-5 语义类型转换规则

	语义规则	属性
lift	j→λP.(P(j))	total,injective
lower	maps a principle ultrafilter onto its generator; lower(lift(j))=j	Partial,surjective
ident	j→λx(x=j)	total,injective
iota	P→ιx.Px(iota(ident(j)))=j	partial,surjective
nom	P→∩P	almost total,injective
pred	x→∪x(pred(nom(P)))=P	partial,surjective

7.4 量词提升及其问题

要解决上述问题,还有另外一种做法。基于生成语法(尤其是管辖和约束理论,GB)的形式语义学理论认为,从表层句法结构到语义解读之间,还存在一个中间的层次:逻辑式层次。表层句法结构所提供的信息,在逻辑式层次还要受到进一步的句法限制,然后再提交到语义解读层次进行解读。这就是大家所熟悉的倒"Y"模型:

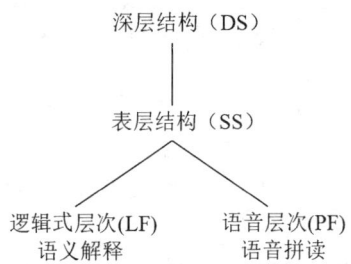

虽然近年来,语言学界对于是否应该保留逻辑式层次作为一个句法表征层次还有不少的意见〔很多研究者,比如前面提到的

Jacobson & Barker (2007)等,主张在句法的表层信息是语义解读的直接输入,不需要一个中间的层次],但是,这个模型确实为解决一些语言学的问题提供了理论上的支持。这些问题就包括我们本节所要讨论到的宾语位置的量词短语的问题。

为了方便讨论,我们认为下面的句子(22)有如下(23)的简单的句法结构:

(22) 校长接见了每个学生。

(23)

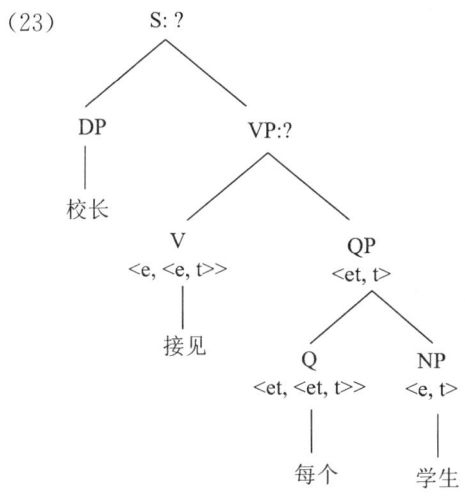

(23)给出了(22)表层句法结构。前面的讨论表明,如果(23)是句子的语义解读的输入部分的话,会导致违反解读原则的情况(因为:"每个学生"的语义类型是<et, t>,而及物动词"接见"的语义类型是<ee, t>。这两种类型没有办法进行函数应用)。但是,(22)是合格的汉语句子。如果我们要想维持"充分解读"原则,有什么办法可以避免这个问题呢?

一个可行的办法是认为(23)并不是(22)的语义解读所依赖的结构。实际上,要使得(22)满足条件,如果要维持"每"是一个广义量词的话,我们需要一个结构,其中,"每"有两个类型都是<e, t>的论元。换言之,下面的结构才是我们所需要的:

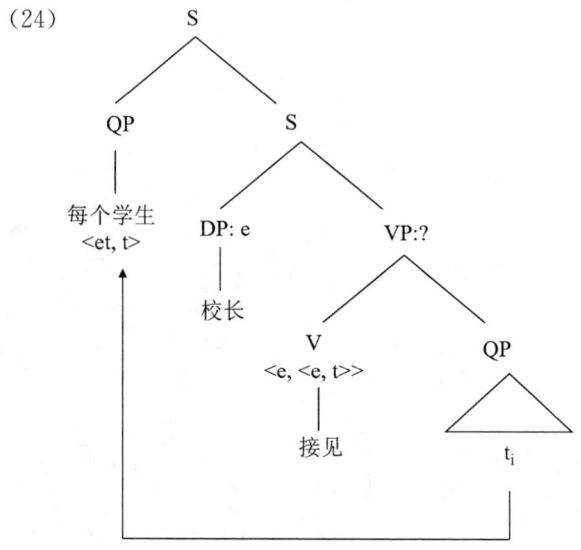

"每个学生"可以认为是从其原来的位置移到了上面 S 上的位置。这样,其辖域内就有了两个类型都是<e, t>的论元。这个思路,就是"量词提升"(Quantifier Raising, QR)[见 May (1977, 1998);关于 QR 在形式语义学中的应用,见 Heim & Kratzer (1998)]。

从语义上来说,(24)还是不够,因为下面的一个 S 的类型是 t, t 不能和其他类型组合。一个可行的办法是在下一个 S 之上,还有一个变量约束成分约束最下面的变量。我们把这个变量约束成分叫作"λ"。这样,语义上,我们得到下面的结构(25):

(25)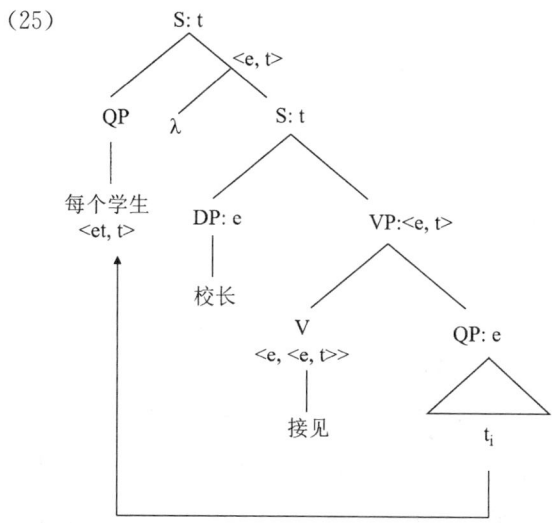

(25)的结构是可以充分解读的。我们只需要在下一个 S 的上面,再多做一次谓词抽象(predicate abstraction)。具体的语义推导如下。

a. t = x

b. [[接见]] = λx λy. y meet x

c. [[接见 t]] = λx λy. y meet x (t)

　　　　　　 = λy. y meet x

d. [[校长]] = the president

e. [[校长接见 t]] = λy. y meet x ([[校长]])

　　　　　　　　 = the president meet x

f. 谓词抽象(Predicate Abstraction):λx. the president meet x

g. [[每个]] = λP. λQ. ∀x (Px → Qx)

h. [[每个学生]] = λQ. ∀x (student (x) → Qx)

i. $[[S]] = \lambda Q. \forall x (\text{student}(x) \to Qx)(\lambda x. \text{the president meet } x)$

$= \forall x (\text{student}(x) \to \text{the president meet } x)$

上述的基于QR的做法,有两个明显的优势:(1)它保留了一个统一的"每"的分析,即现代汉语中,只有一个作为广义量词的"每";(2)处理了宾语位置的"每+NP"对于类型驱动的语义解读所引发的问题。但是,这种做法是不是没有问题呢?

和其他的许多研究者一致,本书认为,理论的建构必须建立于语言事实之上。理论系统内部的完善是一个问题,能够充分照顾到语言事实是另一个问题。在两者不能兼得时,语言学作为实证科学应该取后者而非前者。量词提升理论对于汉语最大的问题,在于在现代汉语中没有充分的证据表明,量词提升是汉语所采纳的方式。

"量词提升"预测到,宾语位置上的量词短语经过提升后,会得到一个相对于其他位置的(尤其是主语位置)量词短语取宽域的解读。在文献中,下面的句子被认为是表明"量词提升"存在的主要证据[Heim & Krazter (1998)总结了三种主要的证据认为自然语言中存在量词提升;值得注意的是,她们所提到的证据,很多现在都还在争议之中。Reinhart (1997, 2006)在提到无定项的语义表现时,提出了一个至今都很有影响的观点:不同的量词性短语,获得其辖域的方式不同。普通无定项依赖的是选择函数,而不是量词提升。本书不打算从句法上论证是否需要"量词提升",只打算纯从语义的角度来说,"量词提升"是否完全必要]。

(26) One apple in every basket is rotten.

上面的例子最早来自 May (1977)。一般认为,这个句子允许两种解读:(1) 某一个特定的苹果,在每个篮子里,是坏的;(2) 相对于每个篮子,都有一个坏的苹果。很明显,(1)的解读是语境/语用所排除的。这样一来,(26)只有第二种解读。要得到这种解读,"every basket"必须要提升到"one apple"之前的句法位置:

(27) every basket$_j$[one apple$_i$[t$_i$ in t$_j$[is rotten]]]

(27)的语义推导类同(22)。与之类似的句子还有:

(28) One flag stands in front of every building.

如果上述的来自英语的观察是正确的,我们可以认为英语中有量词提升的存在。那么汉语呢?很明显,(27)和(28)对应的汉语句子是不合语法的:

(29) * 一个苹果在每个篮子里都是坏的。
　　　(比较:每个篮子里都有一个苹果是坏的。)
(30) * 一面旗帜矗立在每所建筑物的前面。
　　　(比较:每所建筑物的前面都矗立着一面旗帜。)

如果(29)和(30)的不合语法可能是别的原因的话,我们前面提到的句子(重复如下),充分表明:在现代汉语中,没有"量词提升"的语义效果。下面的句子中,宾语位置的"每+NP"相对于其他成分没有宽域的解读:

(31)（有）一个学生看了每本关于汉语量化的博士论文。

(32) 校长接见了每个学生代表。

(33) 老师仔细地批阅了每份作业。

(34) 每个老师＊(都)仔细批阅了每份作业。

（比较：每个老师批阅了一份作业。）

(35) 学生没有看过每本老师指定的参考书。

与"每＋NP"在主语的状况不同,宾语位置的"每＋NP"是一个不同的问题。总结这个问题：

(A) 为什么"每"会有主宾不对称的现象,"每"在宾语位置出现几乎不受限制,而在主语位置出现要受到严格的限制？

(B) 为什么"每＋NP"在宾语位置出现不会导致辖域歧义？

(C) 上面的两类问题背后可否有共通的规律？如何给出这两类问题一个统一的解释？

在接下来的讨论里,我们将会对上述的问题给出一个答案。

7.5 语义类型转换与"每"的限定语义功能

要回答这个问题,我们先来回顾一下类型论。一般地,句子具有真值条件,其类型为 t。在广义量词的框架内,广义量词被处理为从集合到集合之集合的函数,类型是 $<<e, t>,<<e, t>,t>>$,意即它有两个论元。"都"可以看作是这样的一个广义量词(根据我们这里的观点,"都"的第一个论元是复数个体,类型为 e,而不是＜e, t＞。但是,这个区别不影响后面的讨论),其类型是 ＜e,＜＜e, t＞,t＞＞。当"每"作为分配量词时,其类型同样是＜e, ＜＜e, t＞, t＞＞。可以想见,如果一个句子中"每"和"都"都出现,而且它们都被看作是这样的一个分配量词,那么这样的句子将无法得到语义组合,违反"充分解释"原则〔full interpretation, Kratzer ＆ Heim(1998:49)〕。那么,有没有解决的办法呢?

解决的办法是语义类型转换(type-shifting)。Partee(1987)提到了集中类型转换的情况和原则。其基本思想是:如果两个成分因为类型不相匹配而无法组合,就需要更改其中一个成分的类型。如一般情况下,形容词的类型是＜＜e, t＞,＜e, t＞＞。但是,在自然语言中,不乏大量形容词作谓语的情况。在这种情况下,形容词的类型不再是＜＜e, t＞,＜e, t＞＞,而是＜e, t＞:

(36) 北京是个大城市。([[大]] = λPλx (P(x) ＆ x is large))

(37) 北京(很)大。([[大]] = λx (x is large))

语义类型转换应该有两个方面的理据:(1) 语义类型转换的规则应该是原则性的,不是任意的;(2) 语义类型转换应该有语言事实的支持。如果这两个方面的理据能够找到,我们有理由认为某个语法成分发生了语义类型上的转换。发生了语义类型转换的语法成分,不一定要改变其句法位置,但是,其所担当的语义功能是发生了变化的。我们认为,因为汉语的某些特点,"每"在某些情况下可以发生这样的转变,从一个高阶的广义量词变成了一个低阶的限定词。

众所周知,汉语缺少语法上的限定词(汉语没有一个类似于英语的定冠词"the"的语法成分)。那么,如果汉语有的时候需要表达限定词的语义功能,就势必要寻找与之句法位置最接近的成分来完成。汉语的"每"在句法位置上相当于限定词的位置,这使得它极有可能发生语义类型转换而成为一个限定词。罗琼鹏(2008)提出了下面的有关"每"的语义类型转换规则。

(38) I-operation:
Iota ([[mei]]) $\Rightarrow \lambda P. \exists X. \Sigma x (x \in X \leftrightarrow *P(x))$ (* : plural asterisk a la Link)

罗把(38)的操作称为 iota-转换。这是一个把量词性(quantificational)的语义成分转换为指称性(referential)的语义成分的操作。它表达的意思是,"每"是一个函数,这个函数取某个集合为论元,然后返回一个由这个集合的所有成员构成的最大(复数)加合个体。"每"发生 iota-转换后,语义类型为 $<<e, t>, e>$,而不再是原来的 $<e,<e, t>, t>$。("每+NP"的类型是 e)显然,发生语义类型转换后,(31)就不再违反"充分解读"的原则。句子可以接受在预料之中。

但是,是不是这种转换就是偶然的呢?它有什么样的触发机制?证据何在?

语义类型转换不会任意地发生。"每"从广义量词转换到低阶的限定词,同样要受到更普遍的原则的制约。这个原则就是"经济性制约"的原则:

(39) 经济性原则

使用 iota-操作作为满足充分解读原则的最后方式。

(39)表示:如果还有其他的方式来满足"充分解读"原则,"每"不可能发生类型转换。我们现在回到(31)。(31)要满足"充分解读"原则,要么"都"发生语义类型转换,要么"每"。很显然,句法上处于限定语位置的"每"更有可能发生转换而不是句法上处于状语位置的"都"。"每"在宾语位置时可以得到同样的分析:

(40) 有一个学生看了每本关于汉语量化的博士论文。
    i. $\exists > \forall$
    ii. * $\forall > \exists$

假设(40)中的"每"还是广义量词,类型为$<e, <<e, t>, t>>$,(40)要满足充分解读原则,"每本关于汉语量化的博士论文"必须要量词提升(quantifier raising, QR)到主语之前。如果(40)中发生了量词提升,那么它应该有歧义。除了"一个学生"占据宽域的解读外,它还应该允许另外一种解读:不同的博士论文,有(不同的)同学读过。很明显,(40)缺乏后者的解读。这说明,量词提升,至少是作为满足语义上的"充分解读"原则的一种方式,在汉语中是中性化了的(或者不存在)。因为量词提升无法应用到(40)这样的汉语例子,(40)要满足"充分解读",唯一的出路就是"每"发生语义类型转换,从高阶的广义量词转换为低阶的限定词。注意,汉语在这个方面和允许量词提升的英语形成鲜明的对比:

(41) One student read every PhD thesis on Chinese quantification.
　　i. ∃>∀
　　ii. ∀>∃

"每＋NP"发生了语义类型转换，不但有理论上的理据，还有语言事实的支持。因为 iota-操作是把"每＋NP"从一个量词性的成分转换为指称性的成分，我们预测：当"每＋NP"没有发生转换时，"每＋NP"不能被跨句回指（因为它是量词性的），只有变成了指称性的"每＋NP"才能被跨句回指。事实如此：

(42) a. [每个同学]ᵢ看了一部电影。# 他们ᵢ/＊他ᵢ是张三的同学。
　　b. [每个同学]ᵢ都看了一部电影。他们ᵢ/＊他ᵢ是张三的同学。
　　c. 我见过这个学校的[每个老师]ᵢ。他们ᵢ/＊他ᵢ很和蔼。

需要注意的是，因为 iota-操作是把"每＋NP"从集合转换为由这个集合的成员组成的最大（复数）个体。我们预测到，发生了这种转换的"每＋NP"只能被复数性的成分回指，而不能被单数性的成分回指。(42b,c)支持了这个预测。

发生了 iota-操作的"每"和没有发生 iota-操作的"每"逻辑语义不同：

第七章 再谈"每"和"都"的问题

(43) a. 每个男人喜欢一个女人。

b. 每个男人都喜欢这个女人。

(44) a. $\forall x \, (man'(x) \rightarrow \exists y \, (woman'(y) \, \& \, \pi(x) = y))$

 (=(43a)没有"都")

b. $\forall x \, (x \leqslant \Sigma x * man_{(x)} \rightarrow \exists e \, \exists y \, (like \; one \; woman \, (y) \, (x) \, \& \, \pi(x) = e))$ (=(43b)有"都")

7.6 具体语义推导

下面提供更多的实例证明上述分析如何应用于汉语的。

(45)(有)一个学生看了每本关于汉语量化的博士论文。

a. [[关于汉语量化的博士论文]]

$= \lambda x. \; x \; is \; a \; PhD \; thesis \; on \; Chinese \; quantification$

b. [[每(本)]] $= \lambda P. \, \exists X. \, \Sigma x \, (x \in X \leftrightarrow * P(x))$

c. [[每本关于汉语量化的博士论文]]

$=$ [[每(本)]]([[关于汉语量化的博士论文]])

$= \lambda P. \, \exists X. \, \Sigma x \, (x \in X \leftrightarrow * P(x)) \, (\lambda x. \; x \; is \; a \; PhD \; thesis \; on \; Chinese \; quantification)$

$= \exists X. \, \Sigma x \, (x \in X \leftrightarrow * \; PhD \; thesis \; on \; Chinese \; quantification \, (x))$

d. [[看了]] $= \lambda x \lambda y. \; x \; read \; y$

e. [[有]] $= \lambda P \lambda R \, \exists x \, (P(x) \cap R(x) \neq \emptyset)$

f. [[有一个学生]]

$= \lambda P \lambda R \, \exists x \, (P(x) \cap R(x) \neq \emptyset) \, (\lambda x. \; x \; is \; a$

student)

$= \lambda R \exists x (\text{student}(x) \cap R(x) \neq \emptyset)(\lambda x. x \text{ is a student})$

g. [[(有)一个学生看了每本关于汉语量化的博士论文]]

= [[有一个学生]] ([[看了]] = $\lambda x \lambda y. x \text{ read } y$ ([[每本关于汉语量化的博士论文]]))

= [[有一个学生]] ($\lambda y. x \text{ read } \exists X. \Sigma x (x \in X \leftrightarrow *\text{PhD thesis on Chinese quantification}(x))$)

= $\exists x (\text{student}(x) \cap x \text{ read } \exists X. \Sigma x (x \in X \leftrightarrow *\text{PhD thesis on Chinese quantification}(x)) \neq \emptyset)$

上面最终的逻辑式意即某个学生和看了关于汉语量化的博士论文的最大并集的学生的交集不是空集。这是句子的真值意义。

(46) 校长接见了每个学生代表。

a. [[校长]] = $\iota x. \text{president}(x)$

b. [[学生代表]] = $\lambda x. x \text{ is a student representative}$

c. [[每(个)]] = $\lambda P. \exists X. \Sigma x (x \in X \leftrightarrow *P(x))$

d. [[每个学生代表]]=[[每(个)]]([[学生代表]])

   = $\lambda P. \exists X. \Sigma x (x \in X \leftrightarrow *P(x))(\lambda x. x \text{ is a student representative})$

   = $\exists X. \Sigma x (x \in X \leftrightarrow *\text{student representative}(x))$

e. [[接见]] = $\lambda x \lambda y. y \text{ meet } x$

f. [[校长接见了每个学生代表]]

= ιx. president(x) meet ∃X. Σx (x∈X ↔ * student representative(x))

(47) 老师仔细地批阅了每份作业。

    a. [[老师]] = ιx. teacher(x)

    b. [[作业]] = λx. x is an assignment

    c. [[每(份)]] = λP. ∃X. Σx (x∈X ↔ * P(x))

    d. [[每份作业]] = [[每(份)]]([[作业]])

       = λP. ∃X. Σx (x∈X ↔ * P(x)) (λx. x is an assignment)

       = ∃X. Σx (x∈X ↔ * assignment(x))

    e. [[批阅]] = λx λy. x reviewed y

    f. [[老师(仔细地)批阅了每份作业]]

       = ιx. teacher(x) reviewed ∃X. Σx (x∈X ↔ * student representative(x))

(48) 每个老师都仔细批阅了每份作业。

    a. [[作业]] = λx. x is an assignment

    b. [[每(份)]] = λP. ∃X. Σx (x∈X ↔ * P(x))

    c. [[每份作业]] = [[每(份)]]([[作业]])

       = λP. ∃X. Σx (x∈X ↔ * P(x)) (λx. x is an assignment)

       = ∃X. Σx (x∈X ↔ * assignment(x))

    e. [[批阅]] = λx λy λe. x reviewed y in e

    f. [[批阅了每份作业]]

$= \lambda x\ \lambda e.\ x\ \text{reviewed}\ \exists X.\ \Sigma x\ (x \in X \leftrightarrow *\text{assignment}(x))\ \text{in}\ e$

g. $[[都]] = \lambda x\ \lambda R\ \forall y\ (y \leqslant x \rightarrow \exists e\ (R(e)(y)\ \&\ \pi(y) = e))$

h. $[[都批阅了每份作业]] = [[都]]([[批阅了每份作业]])$

$= \lambda x\ \lambda R\ \forall y\ (y \leqslant x \rightarrow \exists e\ (R(e)(y)\ \&\ \pi(y) = e))\ (\lambda x\ \lambda e.\ x\ \text{reviewed}\ \exists X.\ \Sigma x\ (x \in X \leftrightarrow *\text{assignment}(x))\ \text{in}\ e)$

$= \lambda x\ \forall y\ (y \leqslant x \rightarrow \exists e\ (y\ \text{reviewed}\ \exists X.\ \Sigma x\ (x \in X \leftrightarrow *\text{assignment}(x))\ \text{in}\ e\ \&\ \pi(y) = e))$

i. $[[老师]] = \lambda x.\ x\ \text{is a teacher}$

j. $[[每(个)]] = \lambda P.\ \exists X.\ \Sigma x\ (x \in X \leftrightarrow *P(x))$

k. $[[每个老师]] = [[每(个)]]([[老师]])$

$= \lambda P.\ \exists X.\ \Sigma x\ (x \in X \leftrightarrow *P(x))\ (\lambda x.\ x\ \text{is a teacher})$

$= \exists X.\ \Sigma x\ (x \in X \leftrightarrow *\text{teacher}(x))$

l. $[[每个老师都仔细批阅了每份作业]]$

$= \lambda x\ \forall y\ (y \leqslant x \rightarrow \exists e\ (y\ \text{reviewed}\ \exists X.\ \Sigma x\ (x \in X \leftrightarrow *\text{assignment}(x))\ \text{in}\ e\ \&\ \pi(y) = e))\ (\exists X.\ \Sigma x\ (x \in X \leftrightarrow *\text{teacher}(x)))$

$= \forall y\ (y \leqslant \exists X.\ \Sigma x\ (x \in X \leftrightarrow *\text{teacher}(x)) \rightarrow \exists e\ (y\ \text{reviewed}\ \exists X.\ \Sigma x\ (x \in X \leftrightarrow *\text{assignment}(x))\ \text{in}\ e\ \&\ \pi(y) = e))$

(49) 学生没有看过每本老师指定的参考书。

a. [[老师指定的参考书]]
= λx. x is reference book assigned by the teacher

b. [[每(本)]] = λP. ∃X. Σx (x∈X ↔ *P(x))

c. [[每本老师指定的参考书]] = [[每(本)]]([[老师指定的参考书]])
= λP. ∃X. Σx (x∈X ↔ *P(x)) (λx. x is reference book assigned by the teacher)
= ∃X. Σx (x∈X ↔ * reference book assigned by the teacher (x))

d. [[看过]] = λx λy λe. x read y in e

e. [[看过每本老师指定的参考书]]
= λx λe. x read ∃X. Σx (x∈X ↔ * reference book assigned by the teacher (x))

f. [[学生]] = ιx. student (x)

g. [[学生看过每本老师指定的参考书]]
= λe. ιy. student (y) read ∃X. Σx (x∈X ↔ * reference book assigned by the teacher (x))
= ∃e. ιy. student (y) read ∃X. Σx (x∈X ↔ * reference book assigned by the teacher (x))

h. [[学生没看过每本老师指定的参考书]]
= ¬[[学生看过每本老师指定的参考书]]
= ¬∃e. ιy. student (y) read ∃X. Σx (x∈X ↔ * reference book assigned by the teacher (x))

需要注意的是,在上面的句子中,因为否定的辖域是整个命题。所以,上面的句子在下面的情况下可以为真:如果某个老师指定了5本参考书,而某个特指的学生(用iota算子来表示)只看了其中的4本。我们给出的逻辑式准确地捕捉了这个意义。

7.7 来自英语的证据

实际上,不仅仅是汉语,英语中的"every"很多时候也可以经过类型转换,从量词性成分变为指称性成分。这个观点,对于解释形态/语义上的不匹配现象有一定的启发。

英语中的"every NP"在主语位置出现时,谓词必须是单数的,但是,"every NP"的指称却是复数的。这可以从它们与其辖域内自反代词的约束关系看出来。自反代词"each other"要求前面的先行语(约束成分)必须是复数性质的,如下面的例子所示:

(50) a. * The man respects each other.

b. * John hates each other.

c. * They said that John loved each other.

(51) a. The men respect each other.

b. John and Mary hate each other.

c. John said they loved each other.

但是,当"every NP"位于主语位置时,其直接辖域内可以出现"each other"等自反代词。下面的例子来自GOOGLE上随机检索的语料:

(52) Everyone knows each other.

Everyone is important to each other.

Everyone hates each other.

Everyone is equal, loves each other.

Everyone can access to each other.

Everyone shows respect for each other.

Everyone at my job backstabs each other.

Everyone in Hollywood makes out with each other.

Why is everyone being nice to each other today?

Who cried when everyone was saying goodbye to each other?

Everyone can depend on each other.

上面的例子表明,"every NP"的指称是复数性的。与此同时,我们发现,另外一个所谓的自反代词"the other"不能出现在"every NP"的辖域内。英语母语者觉得下面的例子很难接受:

(53) * Everyone knows the other.

* Everyone is important to the other.

* Everyone hates the other.

* Everyone is equal, loves the other.

* Everyone can access to the other.

* Everyone shows respect for the other.

* Everyone at my job backstabs the other.

* Everyone in Hollywood makes out with the other.

* Why is everyone being nice to the other today?
* Who cried when everyone was saying goodbye to the other?
* Everyone can depend on the other.

近来有很多讨论表明"each other"和"the other"的区别[Heim et al.(1991), Beck(2002), Winter(2002?), Oystein(p.c.)等],但是,上面的来自汉语和英语的证据从某个角度支持了 Heim et al. 的分析:"each other"中,真正的代词是"other",而"each"是分配算子。结合本书的讨论,我们可以认为正是因为"each"的出现,为了满足"充分解读原则",使得"every NP"发生了语义上的类型转换,从量词性成分转换为了指称性成分。

英语在这个方面的表现与汉语无二:

(54) * 每个人认识彼此。(* 每个人互相认识。)
* 每个人对彼此很重要。
* 每个人恨彼此。
* 每个人平等,爱彼此。
* 每个人可以接近彼此。
* 每个人尊敬彼此。
* 每个人依赖彼此。
* 每个人互相依赖。

为什么上面的汉语句子不可接受呢?

在上面的例子中,"每个"是分配量词。作为量词性的成分,它们不能担当自反代词的先行语;与此同时,因为整个结构满足"充分解读原则","每个"缺乏类型转换的动因。这导致了上面的句子的不可接受。

我们预测,当"每个 NP"通过类型转换为指称性成分的时候,句子会可以接受。让"每个"发生类型转换的唯一动因是出于"充分解读"的需要。当句子含有"都"——另外一个分配量词——"每"便有了类型转换的动因,这时候,上面的句子便可以接受了:

(55) 每个人都认识彼此。
每个人都对彼此很重要。
每个人都恨彼此。
每个人都平等,爱彼此。
每个人都可以接近彼此。
每个人都尊敬彼此。
每个人都互相依赖。
每个人都互相认识。
每个人都互相恨对方。
每个人都爱对方。
每个人都可以接近对方。
每个人都互相尊敬对方。
每个人都互相依赖。

那么,怎么解释"形态/语义"上的不一致呢?即为什么语义上是复数的,但是,形态上却要求单数呢?

根据本书的分析,汉语中的"每(cl)NP"发生类型转换后,是一个复数的成分。但是,这种"复数"和抽象/物质名词具有同类可比性。"每(cl)NP"具有同质性(Homogeneity),可分化性(Divisibility)。以"每个学生"为例:这个复数个体里的原子个体还是具有学生的性质(同质性)。这个性质,使得"每(cl)NP"和物质名词等不可数名词成为一类。[类似的讨论,可见 Krifka(1998,2008)等]物质名词要求单数形态①:

(56) a. The water is indispensible for human beings.
b. The rock is all round.

7.8 结论

本章重点分析了"每+NP"在宾语位置的分布和解读。相比于主语位置,"每+NP"能够比较自由地出现于宾语位置是因为此时它经历了语义类型转换,从一个量词性的成分变成了一个指称性的成分。这种转换,不是任意发生的,而是因为两个独立的机制的相互作用:(1) 所有句子都要满足充分解读原则;(2) 语义类型转换是最后的手段(last resort)。如果我们的出发点是"每+NP"是广义量词,具有<et,t>的类型的话,当它位于宾语位置时,不可避免地会遇到语义充分解读的问题。因为汉语缺少类似量词提升的机制,原位的语义类型转换(in-situ type-shifting)成了唯一的,也是最后的手

---

① 同质性 (Homogeneity)
HOM (P)$\Leftrightarrow \forall X[P(X) \rightarrow \forall y[y \leq x \rightarrow P(y)]$
可分化性(Divisibility)
DIV(P) $\Leftrightarrow \forall X[P(X) \rightarrow \exists y[y < x] \wedge \forall y[y \leq x \rightarrow P(y)]]$
[来自 Krifka (2008)]

段。这就是"每+NP"为什么发生了语义类型转换的原因,也是"每+NP"在分布上的主宾不对称背后的真实原因。

那么,为什么"都"不能发生语义类型转换呢?要回答这个问题,最主要的原因在于句法分布可及性(syntactic accessibility):与"每"不一样,"都"总是位于状语位置。是句法分布导致了是"每",而不是"都",客观上能够发生语义类型转换。

第八章　从全称量词到量化域调节限定词："所有"

8.1　导言

我们在上一章里提到,现代汉语中的"每"可以通过类型转换变成一个语义上限定词。需要注意的是,和 Chierchia, Reinhart 等的观点一致,我们认为"类型转换"不是可以自由发生的。类型转换是满足某些独立的语义机制的"最后的手段"(last resort)。如果我们仅仅说因为汉语没有形态上限定词/非限定词,这种说法过于牵强。现代汉语中的"每"可以发生类型转换,至少有下面的几个动机。

(A) 句法分布可及性(syntactic accessibility):与"都"不一样,"每"总是位于限定词的句法位置;

(B) 语义解读要求(principle of full interpretation, PFI):"每"作为高阶的分配量词时,在宾语位置、与"都"共现时语义组合原则不能直接满足;

(C) 最后的手段(last resort):其他的满足语义组合的机制(量词提升不应用于汉语)无法应用或者比类型转换更为不经济。

正是因为上面的几个因素共同作用,现代汉语中的"每"通过类型转换成为一个语义上的限定词,具有和分配量词不一样的语义类型。来自汉语的事实充分表明,这个分析可以解释许多前人的分析无法处理的问题,主要是:(1)"每"的主宾不对称问题;(2)"每"和"都"的共现问题。这个分析还有更为独立的证据:含有"都"的"每+NP"或者宾语位置的"每+NP"可以跨句被**复数而非单数**的代词回指;不含"都"而且在主语位置出现(同时宾语位置出现无定项)的"每+NP"不能被回指[例(1a)]。重复相关的例句:

(1) a. [每个同学]ᵢ看了一部电影,*他们ᵢ/ *他ᵢ是张三的学生。
　　b. [每个同学]ᵢ都看了一部电影,他们ᵢ/ *他ᵢ是张三的学生。
　　c. [每个同学]ᵢ都来了,他们ᵢ/ *他ᵢ是张三的学生。
　　d. 我见过这个学校的[每个老师]ᵢ,他们ᵢ/ *他ᵢ都很和蔼。

上面的三个动机是跨语言而异的,我们借此解释了英汉语在这一点上的差异。值得注意的是,英语中的"every"有的时候,在语义上也表现为一个限定词。这能解释,并不是每个含有"every"的句子,都能引发辖域歧义。因为本书重点讨论汉语中的分配量化问题,对英语的分析和启发留待以后进一步研究。

但是,光讨论"每"及其表现还不足以说明全部的问题。假设:如果"每"是限定词,"每"与汉语中真正的限定词"所有"有何差别?也就是说,我们怎么分析下面的两个句子的异同?

(2) a. 每个克里特岛的人都说谎。
    b. 我见过每个克里特岛的人。
(3) a. 所有克里特岛的人都说谎。
    b. 我见过所有克里特岛的人。

乍看起来,"所有"和"每"的分布太类似了:同"每"一样,"所有"的出现很多时候需要"都"的伴随;同"每"一样,"所有"也有主宾不对称的现象。我们已经证明,"每"可以生活在两个领域内(作为分配量词或者限定词),其间的调节机制就是"经济原则";那"所有"呢?

让我们再一次回顾哲学家 Vendler 在"Each and Every, Any and All"中提出的问题:

全称量词,一般表示为($\forall$x(...x...)),在符号逻辑中被用来表示一个概称的命题。(这里的问题是,为什么)自然语言有许多方式具有同样的功能?〔The universal quantifier, commonly represented as (x) (...x...), is used in a symbolic logic to express general propositions. ... ordinary language has many devices to the same purpose.(Vendler, 1967: 70)〕

问题(1):"所有"和"每"有何异同?各自的语义功能是什么?

Gil(1996)提到,从跨语言的分布上看,"every"及其在各语言中的对应成分不是一个单纯的全称量词,它们比单纯的全称量词具有更复杂的语义结构。与之相对的是,"all"及其跨语言的对应成分才是标准的、单纯的全称量词:

来自英语和其他语言的证据表明,ALL 及其跨语言的对应成分构成了基本的、简单的全称量词。至于 EVERY 及其对应成分,远非全称量词的原型,实际上还具有更为特殊的句法和语义表现。[Evidence from English and other languages supports the claim that *all* and its counterparts in other languages constitute the basic or simple universal quantifier. As for *every* and its equivalents, far from being prototypical, these are in fact among the most exceptional of quantifiers in their syntactic and semantic behaviour. (Gil,1996:321)]

我们对汉语"每"的分析表明,Gil 的观点无疑是正确的。EVERY 在汉语中的两个对应形式:"每"和"都"比标准的全称量词具有更复杂的语义结构。作为分配量词,它们是标准的全称量词加上匹配函数。但是,Gil 的另一个观点:ALL 及其在各语言中的对应形式(在汉语中是"所有")是基本的、标准的全称量词吗?

逻辑学家似乎赞同这个说法。逻辑式中全称量词的符号"∀"实际上就是倒写的 ALL 中的大写字母"A"。就汉语来说,在《现代汉语总括表达式研究》《现代汉语八百词》等中都提到,"所有"的语义功能是着重指某种范围内事物的全部数量(《现代汉语八百词》,p.458)。研究汉语的逻辑学家也不自觉地把"所有"/"每"都看作汉语中的全称量词。下面的例子来自邹崇理(2002:406):

(4) a. 所有植物*(都)是生物。
    b. 每个自然数*(都)是实数。

邹崇理分析"所有"的语义如下：

Q(所有)A B = 1,当且仅当,A≠∅并且A⊆B　（邹崇理,2002:415)

应该来说,这些观察和分析还是有一定的道理的。但是,这些观察和分析并不足以说明所有的问题。假设"所有"是全称量词,那么它和"每"/"都"的分配量词的区别仅仅在于它缺少匹配函数吗？如果它不是全称量词,或者至少不是那么典型的全称量词,它又是什么？这些问题,都有待更细致的考察。

我们在本章的讨论分为三部分。第一部分主要讨论"所有"和"每"的异同。通过考察"所有"和"每"在集合述谓上的不同,我们似乎可以初步得出结论："所有"是全称量词。但是,来自更多的证据和新的观察表明,第一部分得出的结论太过于简单,在第二部分中,我们会提到,"所有"和集合谓词有着更为复杂的分布关系。这迫使我们重新思考"所有"真正的语义功能。值得注意的是,"所有"允许集合述谓,但是也不排除分配量化,这说明"所有"和"每"的区别不像存在/不存在匹配函数那么简单。第三部分提出一个关于"所有"的语义的新的分析："所有"是受语境影响的量化域调节限定词,其最主要的语义功能是提供给"量化"一个完好的量化域,这个思路可以解释许多有关"所有"的分布的难题。接着本书从句法的特征匹配的角度解释为什么"所有"有的时候需要"都"的伴随,有的时候又不需要"都"的伴随的难题。

8.2 "所有＋NP""每＋NP"以及"所有＋都""每＋都"

8.2.1 主语位置的"所有"和"每"

初步来看,我们会认为下面的三组例子在真值意义上是等价的:

(5) a. 每个同学＊(都)来了。
b. 每个同学＊(都)喜欢刘德华。
c. 每个同学?(都)拿了三到五个馒头。

(6) a. 所有同学＊(都)来了。
b. 所有同学＊(都)喜欢刘德华。
c. 所有同学?(都)拿了三到五个馒头。

(7) a. 同学们来了。
b. 同学们都喜欢刘德华。
c. 同学们拿了三到五个馒头。

从真值条件上说,一般认为上面的三组例子分别有下面的真值语义:

(8) a. $\forall x\,(student(x) \rightarrow came(x))$　　$(= (1a, 2a, 3a))$
b. $\forall x\,(student(x) \rightarrow like(x)(Liu\ Dehua))$　$(= (1b, 2b, 3b))$
c. $\forall x\,(student'(x) \rightarrow take(x)(three\text{-}to\text{-}five\ filled\ buns))$　$(= (1c, 2c, 3c))$

但是,这样一来,我们便认为现代汉语中存在三个真值意义上等价的量词。我们在前面已经讨论了"每"和"都"的异同,我们提出,"每"和"都"看起来相似,其实不是:(1)虽然"每"和"都"都是分配量词(不是一般的全称量词),但是它们之间存在分工的不同;(2)"每",不是"都",可以在一定的情况下发生语义类型转换,从量词性转换到指称性。条件(2)适用于汉语但是不适用于英语因为:(a)现代汉语没有定冠词;(b)"每"的句法位置最接近于限定词。我们也提到,这种转换要受到经济原则等的严格制约,转换不是任意的。通过这样的讨论,我们厘清了现代汉语语义学中一些通常被混淆的概念,其中突出的是:

(9) 关于分配量词和全称量词,分配量化和全称量化的假设
(Hypothesis on DQ and UQ, HDQUQ)
分配量词≠全称量词
分配量化≠全称量化
分配量化=标准的全称量化+匹配函数量化

我们认为,这些概念上的厘清对于我们进一步了解汉语量化的本质,是非常重要的。这不仅仅是一个"正名"的问题,而且长久以来,因为概念的混淆,直接影响到我们对相关问题的进一步认识。

假设(9)表明,现代汉语中的"每"和"都"都不是单纯意义上的全称量词,而是分配量词。如果现代汉语中的"所有"是全称量词的话,它和"每"/"都"语义上的区别仅在于匹配函数的有无。用通俗的语言来说,就是"所有"缺乏逐指的语义功能。匹配函数(量化)的最典型语义表现就是相关的句子会获得逐指解读。

要回答这个问题,我们先来看"所有"和"每""都"之间的差异及其语义表现。

我们前面提到,当"每"是全称量词(分配量词首先是一个全称量词)时,当其辖域内包含一个无定项时,"都"可以不出现("都"出现与否影响句子的真值语义):

(10) a. 每个男人喜欢一个女人,(那是他的妈妈)。
　　 b. 每个选民有一张选票。
　　 c. 每个家庭有自己的问题。

但是,当没有"都"出现的时候,上面的(10)所对应的"所有"的句子都不自然。比较下面的(11)和(12):

(11) a. ? 所有男人喜欢一个女人,(那是他的妈妈)。
　　 b. ? 所有选民有一张选票。
　　 c. ? 所有家庭有自己的问题。
(12) a. 所有男人都喜欢一个女人,?(那是他的妈妈)。
　　 b. 所有选民都有一张选票。
　　 c. 所有家庭都有自己的问题。

如果我们认为,"所有"和"每"都是全称量词的话,上面的对立是很难说清楚的。但是,与"每"不一样的是,"所有"在非宾语位置(尤其是主语位置)时,即使没有"都",句子虽然不自然,也不是完全不可接受:

(13) a. ？所有同学来了。（不及物谓词）

b. ？所有学生回家了。

c. ？所有学生回房间睡觉了。

比较：

(14) a. ＊每个同学来了。

b. ＊每个学生回家了。

c. ＊每个学生回房间睡觉了。

含有"都"，上面的句子更自然：

(15) a. 每个同学都来了。

b. 每个学生都回家了。

c. 每个学生都回房间睡觉了。

应该来说，"所有"和"每"的不同，在文献中已经有所提及[见徐颂列(1998)，Yang(2001)等]。但是，为什么"所有"和"每"会存在分布的不同，尚缺乏合理的解释。

主语位置上的"所有"和"每"的分布不同。但是，在宾语位置上，同"每＋NP"一样，"所有＋NP"的出现几乎不受限制：

(16) a. 张三看了所有的参考书。

b. 同学们做完了所有的作业。

c. 有一个同学看完了所有关于汉语量化的博士论文。

d. 校长没有接见所有的同学。

同宾语位置的"每+NP"一样,宾语位置的"所有+NP"不能相对于其他量词性成分(尤其是主语位置)取宽域的解读。同"每+NP"一样,"所有+NP"不会导致辖域歧义:

(17) a. $\exists>\forall$; * $\forall>\exists$ (=(16c))
　　　b. $\neg>\forall$; * $\forall>\neg$ (=(16d))

8.2.2 "所有""每"和集合述谓

"所有"和"每"之间的"异"还体现在它们和集合谓词的组合上。同自然语言中的谓词一样,集合谓词也可以分为动作类集合谓词(collective activities)、状态类集合谓词(collective states)、完成类集合谓词(collective accomplishments)、成就类集合谓词(collective achievements):

(18) 集合谓词

动作类集合谓词	抬,包围,组成……
状态类集合谓词	构成,是(一个集体)……
完成类集合谓词	聚集,选举一个总统,组成一个团体……
成就类集合谓词	选举出一个总统,合作写完了一篇论文……

和一般的谓词不同,集合谓词要求主语一定是复数性的[参见

Winter (2000)]:

> (19) 动作类集合谓词
> a. *张三抬了一桶水。
> b. 这几个和尚抬了一桶水。
>
> (20) 状态类集合谓词
> a. *张三构成了一个团体。
> b. 这几个同学构成了一个团体。
>
> (21) 完成类集合谓词
> a. *张三选举一个总统。
> b. 选民们选举一个总统。
>
> (22) 成就类集合谓词
> a. *张三合作写完了一篇论文。
> b. 这几个老师合作写完了一篇论文。

因为集合谓词的这些特定的属性,我们可以预测到:作为分配量词的"每"不能与集合谓词共现。原因很简单:"每"引出分配量化时,还要引出一个"一对一"的匹配函数量化。后者与集合谓词的"集合性"不能兼容(但这不是绝对情况)。一般来说,当谓词是动作类集合谓词和完成类集合谓词时,人们的判断比较模糊。但是,"每"基本上不与状态类集合谓词和成就类集合谓词共现。

考察下面的三种现象:

(A) "每"和集合谓词

(23) "每"和动作类集合谓词

　　? 每个和尚抬了一桶水。

(24) "每"和状态类集合谓词

　　* 每个人是一个大集体。

(25) "每"和完成类集合谓词

　　? 每个人聚集在教室里。

(26) "每"和成就类集合谓词

　　* 每个人合作写完了一篇论文。

根据我们前面的分析,当"每"和"都"同时出现时,因为这个时候的"每"已经发生了语义类型转换,从分配量词转换成了一个取某个集合为论元,然后返回由这个集合的所有成员组成的最大(复数)个体,"每+都"应该可以和动作类集合谓词或完成类集合谓词共现,但是,不可以和状态类集合谓词或成就类集合谓词共现。因为前者包含一个事件论元,在一定的语境下,这个事件论元可以允准"都"的分配量化中的匹配函数量化的要求,而成就类集合谓词和状态类集合谓词,通常都只包含一个事件,且这个恒定的事件很难再分配。但是,语境的允许毕竟比较困难,这也使人们对于"每+都"和动作类集合谓词或者完成类集合谓词共现时是否完全合乎语法有不一致的看法:

(B) "每+都"和集合谓词

(27) "每+都"和动作类集合谓词

　　? 每个和尚都抬了一桶水。

(28) "每+都"和状态类集合谓词

　　?? 每个人都是一个大集体。

(29) "每+都"和完成类集合谓词

　　?? 每个人都聚集在教室里。

(30) "每+都"和成就类集合谓词

　　?? 每个人都合作写完了一篇论文。

我们前面提到的关于分配量化的假设可以很好地解释上面的现象,而不需要其他更多的假设。

但是,"所有"和集合谓词有迥异于"每"的表现:

(C) "所有"和集合谓词

(31) "所有"和动作类集合谓词

　　a. ? 所有和尚抬了一桶水。

　　b. 所有和尚都抬了一桶水。

(32) "所有"和状态类集合谓词

　　a. * 所有人是一个大集体。

　　b. ?? 所有人都是一个大集体。

(33) "所有"和完成类集合谓词

　　a. ? 所有人聚集在教室里。

　　b. ? 所有人都聚集在教室里。

(34) "所有"和成就类集合谓词

　　a. * 所有人合作写完了一篇论文。

　　b. ? 所有人都合作写完了一篇论文。

上面的"所有""每"和集合谓词的分布可以总结于下面的表：

表 8-1 "每""所有"和"都"与集合谓词

	动作类 集合谓词 (collective activities)	状态类 集合谓词 (collective states)	完成类 集合谓词 (collective accomplishments)	成就类 集合谓词 (collective achievements)
所有	?	×	?	×
每	??	×	??	×
所有＋都	✓	✓	✓	?
每＋都	✓/?	×	✓/?	×

上面的分布该怎么解释呢？

8.3 重回分配量化：显性分配量化和隐性分配量化

我们在第一章提到，自然语言的谓词就其量化属性来说，可以分为三类：有些谓词只能作用于原子的个体（如"睡觉""做梦"等），有些谓词，只能作用于集合（如"抬""聚集""包围"等），有些谓词既可以作用于原子的个体，也可以作用于集合（如"写论文""搬钢琴"等）。

表 8-2 谓词类型

谓词类型	举例
原子谓词/分配谓词	睡觉，做梦，回各自的家
集合谓词	抬，聚集，包围
中性谓词	写论文，搬钢琴，做菜

就量化方式来说，这三类谓词具有不同的表现。原子谓词一般

只导致分配解读,集合谓词集合解读,中性谓词两可。重复第一章中的例子如下:

(A) 分配谓词与分配量化

(35) a. ? 这三个学生(在各自的家里)吃了早饭。
(分配解读)
b. ? 这三个学生做了一个梦。
(分配解读)
c. ? 这五个学生戴了一副眼镜。
(分配解读)

(36) a. 这三个学生(在各自的家里)吃了(一顿不同的)早饭。
b. 这三个学生做了一个不同的梦。
c. 这五个学生(各自)戴了一副不同的眼镜。

(B) 集合谓词与集合量化

(37) a. 这三个学生聚集在一间教室里。(集合解读)
b. 这三个学生包围了一个不让他们及格的老师。
(集合解读)
c. 这五个学生一起抬了一架钢琴上楼。(集合解读)

(38) a. *这三个学生聚集在(一间)不同的教室里。
b. *这三个学生包围了(一个)不同的不让他们及格的老师。

c. *这三个学生一起抬了一架不同的钢琴上楼。

中性述谓语与分配/集合量化

(39) a. 这三个学生读了一本书。(有歧义)
    b. 这三个学生买了一辆车。(有歧义)
    c. 这五个学生写了一份报告。(有歧义)

(40) a. ? 这三个学生读了一本不同的书。(集合解读)
    b. ? 这三个学生买了一辆不同的车。(集合解读)
    c. ? 这五个学生写了一份不同的报告。(集合解读)

分配谓词为什么会有分配的解读呢？很多研究者指出,这其实是一种隐性的分配量化[参见 Dowty & Brodie (1984); Schwarzschild (1996); Lasersohn (1998); Brisson (1998, 2003)等]。在句法上,我们可以认为句子中存在一个隐含的分配算子,谓词位于这个分配算子的辖域之内。从汉语的角度来说,上面的句子都有一个隐含的"都"。下面是(35)的句法结构:

(41) a. ? [这三个学生]^D[(在各自的家里)吃了早饭]。
    b. ? [这三个学生]^D[做了一个梦]。
    c. ? [这五个学生]^D[戴了一副眼镜]。

因为上面的句子导致分配量化并不需要一个显性的分配算子,我们把上面的分配量化叫作"隐性分配量化"。需要注意的是,它们与显性分配量化在语义上并无二致。这个隐含的分配算子/量词可以出现,也可以不出现,出现或者不出现不影响句子的真值语义。

中性谓词之所以导致歧义,也可以认为其中导致分配解读的部分包含一个这样的隐性的分配量词。

讨论了这个因素之后,我们再来看"所有＋NP"的分布。我们很快发现,当谓词是分配谓词或者中性谓词时,"所有＋NP"出现在主语位置不一定需要"都"的伴随(这些句子会不自然,但是,不是完全不可接受)。举例如下:

(42) a. ? 所有学生(在各自的家里)吃了早饭。
　　 b. ? 所有学生做了一个梦。
　　 c. ? 所有学生戴了一副眼镜。

(43) a. ? 所有(在各自的家里)吃了(一顿不同的)早饭。
　　 b. ? 所有做了一个不同的梦。
　　 c. ? 所有学生(各自)戴了一副不同的眼镜。

(44) a. ? 所有学生读了一本书。
　　 b. ? 所有学生买了一辆车。
　　 c. ? 所有学生写了一份报告。

(45) a. ? 所有学生读了一本不同的书。
　　 b. ? 所有买了一辆不同的车。
　　 c. ? 所有写了一份不同的报告。

需要注意的是,当"所有＋NP"和中性谓词共现时,句子只有分配解读而无集合解读。"所有"的这个分布特点,似乎说明它和复数性(plurality)以及分配性有着某些天然的联系。

8.4 集合述谓的进一步区分

但是,我们还是需要解释"所有+NP"可以和一部分集合谓词共现的现象:"所有+NP"可以和集合动作类动词、集合完成类动词共现,但是不可以和集合状态类动词、集合成就类动词共现。这是为什么呢?是不是集合类动词还要进一步区分?内在的依据何在?

Kratzer (1994)、Rothstein (1998, 2004)、Brisson 等都提到了集合类谓词还要进一步区分。它们之间的区别类比于非集合类动词之间的区分。从基于事件的词汇语义学的角度来说,动作类动词和完成类动词之所以不同于状态类动词和成就类动词在于前者在词汇语义层面包含一个 DO 的子部分,而状态类动词和成就类动词没有这个部分。

Rothstein 从词汇体的角度区分了这四类动词:

(46) 动词类型模式(verb classes templates) (Rothstein, 2004:35)

    a. states $\lambda e.P(e)$

    b. activities $\lambda e.(DO(P))(e)$

    c. achievements $\lambda e.(BECOME(P))(e)$

    d. accomplishments $\lambda e.\exists e_1 \exists e_2 [e =^s (e_1 \oplus e_2) \wedge (DO(P))(e_1) \wedge Cul(e) = e_2]$

从句法的角度,我们可以认为动作类动词有下面的句法投射:

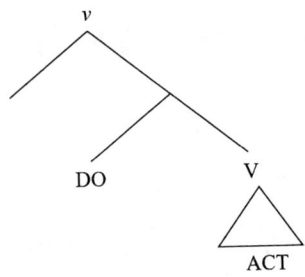

完成类动词有下面的句法投射:

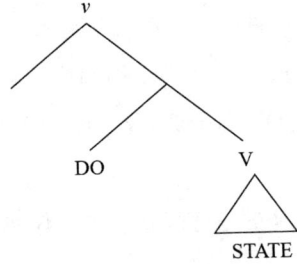

下面以"搬(三张桌子)"为例来说明:

语义组合:

a. $[[DO]] = \lambda x \lambda e' (DO(e') \,\&\, Ag(e', x))$

b. $[[搬]] = \lambda x \lambda e (CARRY(e) \,\&\, Th(e, x))$

c. $[[DO + 搬]]$ (via Event composition):

$$\overset{f}{\lambda x\lambda e(CARRY(e)\&Th(e,x))} \quad \overset{g}{\lambda x\lambda e'(DO(e')\&Ag(e',x))} \rightarrow$$
$$\lambda y\lambda x\lambda e[[CARRY(e)\&Th(e,y)]\&\exists e'[DO(e')\&Ag(e',x)\&e'\leqslant e]]$$

上面的分析指出,正是谓词词汇语义中的 DO 允准了分配算子。没有这个 DO,句子不含有量化。分配算子,不管是隐性的还是显性的,都无法得到允准。这样就说明了集合类动作动词和集合类完成动词与集合类状态动词和集合类成就动词的区别所在。

所有的这些讨论,都说明"所有"和分配量化有着某种不可剥离的联系。那么,这种联系是什么呢?这对于解释"所有"的语义功能有何启发?

另一个值得关注的现象是,当"所有+NP"位于定语位置或者关系从句中时,几乎不受任何限制。下面的例子均来自北京大学汉语语言学研究中心的语料库:

(47) a. 所有申请者,切忌简单说自己回国的原因是回原单位。

b. 所有这些问题至今仍然是一个谜。

c. 除中介转换力是相应于非惯性参照系而加上去的非真实力外,其他所有的真实受力均与其在给定惯性参照系中的受力状况完全相同。

d. 所有的问题将只涉及基础知识。

e. 所有 MBA 的基础是必修课程,通常首先被教以保证学生再选择附加课程。

f. 太阳系里所有的行星、卫星、小行星等大大小小天体加在一起,还没有木星的分量大。
g. 因为一旦所有保护性政策取消,中国汽车工业将难以承受巨大的海外冲击。
h. 所有制作材料,一律向百姓搜刮。
i. 同所有的恒星一样,天鹅座在不同季节升起的时间是不同的。
j. 在世界上所有的城市中,北京仍是一个独一无二的对称的城市。
k. 除奖金外,所有获奖者均获得了一份荣誉证书。
l. 世界上所有棋坛名将几乎难以与电脑棋师相匹敌。
m. 所有共产党员必须为实现共产主义的最高纲领而奋斗终生。
n. 所有的决议,必须五个常任理事国一致同意,才能通过。
o. 所有俑像在地下排列成雄伟的军阵场面,气势磅礴。

8.5 "所有"的语义功能

我们现在的问题是:(1) 给出"所有"的语义功能,并揭示它和分配量化内在的联系;(2) 解释为什么大多数情况下,"所有"有"都"(或者"全")的伴随,句子的可接受性会提高。

对于问题(1),我们的解决方案:"所有"不是全称量词,而是限定词;所有的主要语义功能是量化域调节(domain regulator)。换言之,"所有"是一个调节量化域的限定语(determiner)。"所有"与一般的限定语的区别在于:"所有"施加了一个穷尽性的要求,即要求域内的每个成员,都要参与相关的事件。对于问题(2),我们从句法上的特征匹配来解释。比较下面两个句子的差异:

(48) 同学们来了。
(49) 所有同学都来了。

假设班上有 100 个同学,其中的 99 个来了,(48)仍然可以接受。但是,在这种情况下,绝对不能使用(49)。"所有"施加的穷尽性的要求规定域内的每个个体都要参加某项事件。

由是,跟 Gil 的看法不同的是,我们认为,ALL,至少是现代汉语中的 ALL,"所有",不是一个全称量词,而是一个调节量化域的限定词。其主要的功能是确保域内的每个成员都要参与某项事件。根据 Brisson (1998, 2003),我们这里用"完美覆盖"(good-fit cover)来刻画这个语义要求:

(50) $[[所有]] = \lambda P. \lambda x.[gf(COV)(P)(x)]$

那么,什么样的集合是一个"完美覆盖"呢?根据 Brisson (2003)的定义:

Good fit: For some cover of the universe of discourse Cov and some DP

denotation X, Cov is a good fit with respect to

$$X \text{ iff}$$
$$\forall y [y \in X \rightarrow \exists Z [Z \in \text{Cov} \,\&\, y \in Z \,\&\, Z \subseteq X]] \text{ (p. 141)}$$

换言之,一个覆盖是"完美覆盖"——如果这个集合的每个元素都处在本身是这个集合的子集的某个覆盖之内。①

基本上,"每+都"不与集合谓词共现,而"所有+都"与集合谓词的共现有一定的规律。在语义解读上,同样的分立照样存在。比较下面两个句子在语义上的区别:

(51) 每个学生都搬着一架钢琴。
(52) 所有学生都搬着一架钢琴。

假设有 4 个学生,(52)要为真,每个学生必须独自搬一架钢琴(理想状态是 4 架钢琴,一架钢琴的情况是一种偶然性)。但是,(53)允许两种解读:学生们各自搬着一架钢琴和学生们一起搬着一架钢琴。这种差异不是偶然的。

这种差异,不但是"所有"和"每"本身语义的不同的体现,也是其语义组合方式的差异的体现。就"所有"而言,其直接论元是复数个体。在现代汉语中,下面的表达式是不合格的:

(53) 所有+单位词+名词(短语)
     *所有个学生

---

① Another way to say this is that the cover is a good fit if every element of the set is in a cell of the cover that is a subset of that set.

　　　　＊所有个人
　　　　＊所有斤苹果

这说明,"所有"的直接论元就是一个复数个体(从集合论的角度来说,"所有"的直接论元是一个指称属性的集合)。"每"在这点上与"所有"不同。现代汉语中,"每"后面一定要有单位词:

　　(54) 每＋单位词＋名词短语
　　　　每个学生
　　　　每个人
　　　　每斤苹果

要讨论"所有"和"每"的不同,我们还要考察相关的广义量词短语的内部构造。我们认为,作限定词(见本书第七章)的"每"和"所有"的相关短语的内部结构如下。

　　(55) 每:[$_{DP}$ D 每[$_{CL}$ [$_{NP}$]]]
　　(56) 所有:[$_{DP}$ D [$_{NP}$]]]

这种内部构造上的差异,直接影响着"所有"和"每"在语义表现上的不同[参见 Krifka(1995)]:

　　(57) 每个人
　　　　　　[[人]] = λx. man'(x)
　　　　　　[[个]] = λy. CL'(y) & ♯OU(y)=1

$[[个人]] = \lambda x.\ \text{man'}(x)\ \&\ \text{CL'}(x)\ \&\ \sharp OU(x) = 1$

$[[每]] = \lambda P.\ \Sigma x * P(x)$

$[[每个人]] = \Sigma x * \text{man'}(x)\ \&\ \text{CL'}(x)\ \&\ \sharp OU(x) = 1$

"每+CL+NP"作限定词短语的时候,其内部有一个隐含的单元单位论元。正是这个单元单位论元,决定了"每+CL+NP"不能与完全的集合谓词共现,语义解读上没有集合的解读。

作为量化域调节限定词的"所有"没有这个限制:

(58) $[[所有]] = \lambda P.\ \exists y\ (\forall z \leqslant \Sigma y * P(y) \leftrightarrow P(z))$

语义推导如下:

(59) 所有人都来了。

a. $[[来了]] = \lambda x \lambda e.\ \text{came'}(e)(x)$

b. $[[所有]] = \lambda P.\ \exists y\ (\forall z \leqslant \Sigma x * P(x) \leftrightarrow P(z))$

c. $[[所有人]] = \exists y\ (\forall z \leqslant \Sigma y * \text{man'}(y) \leftrightarrow \text{man'}(z))$

d. $[[都]] = \lambda P\ \lambda x.(\forall z \leqslant x \rightarrow \exists e(P(z)(e)\ \&\ \pi(z) = e)$

f. $[[所有人都来了]] = \forall z(x \leqslant \Sigma y * \text{man'}(y) \leftrightarrow \text{man'}(z))$

$\rightarrow \exists e(\text{came'}(z)(e)\ \&\ \pi(z) = e)$

8.6 "所有+都":特征匹配

从句法上说,"所有"本身含有分配性的特征 $DIST(\varphi)$。这个特征犹如格位特征一样,要被核查掉才能最后进入句法推导。在汉语中,这是通过特征呼应(agreement)来实现的。"所有"的这个分配性的特征作为探针(probe),要寻找其他含有同样特征的目标(goal)。有隐含算子的分配谓词和"都"具有这个特征,它们和"所有"的分配性特征一致,呼应得以实现,句子合法。

(60) 合格的呼应关系

[Fo [所有[+ DIST(φ)] [都 [+DIST(φ)] [VP]]]]

(61) 不合格的呼应关系

[Fo [所有[+ DIST(φ)] [COL [−DIST(φ)] [VP]]]]

8.7 结论

长久以来,大家认为"所有"是表示总括的副词,用形式语义学的术语说,是全称量词。但是,这种看法不能够说明"所有"的分布和语义解读现象。"所有"相比于其他有全称量化力的量词,如"每"和"都"等,不但在句法分布上不同,在语义解读上也不同。这种对立,显示了"所有"真正的语义功能是量化域调节语(domain regulator),但是,"所有"本身具有固有的分配性特征。通过语义和句法的结合,我们可以解释"所有"的语义解读和句法分布现象。

但是,本书一开始提到,为什么很多研究者认为"所有"是全称量词呢?如果"所有"不是全称量词,汉语中到底有没有标准的全称量词呢?答案是肯定的。"所有"本身也是一个全称量词(请考虑

"所有"不需要"都"伴随的情况)。需要注意的是,同"每"一样,"所有"也经历了语义类型转换。而"所有"之所以能够经历类型转换,最直接的动因就是"句法分布的可及性"。本章虽然讨论了"所有"作为量化域调节限定词的现象,但是,本书的分析,尤其是受限制的语义类型转换的思路,也同样适用于"所有"作为全称量词的现象。

我们也希望,通过对于分配量化相关现象的讨论,能够进一步厘清分配量化和全称量化、量化域限制之间的关系。

第九章 研究总结与展望

我们现在可以回答哲学家 Vendler 提出的问题了：

全称量词，一般表示为（∀x(...x...)），在符号逻辑中被用来表示一个概称的命题。（这里的问题是，为什么）自然语言有许多方式具有同样的功能？

现代汉语中的"每""所有"和"都"，长久以来一直被认为具有全称量化力。换言之，在符号逻辑上，它们都可以用同样的符号来表示。可是，这种看法，很大程度上混淆了它们的区别，也无助于回答 Vendler 的问题。本书立足于汉语的语言事实，通过翔实地考察"每""所有"和"都"的语义表现，揭示相关现象背后所有蕴含的语义机制，部分地回答了 Vendler 的问题。这个问题，可以部分地总结为下面的假设：

（1）关于分配量词和全称量词，分配量化和全称量化的假设（Hypothesis on DQ and UQ，HDQUQ）

分配量词 ≠ 全称量词

分配量化 ≠ 全称量化

分配量化＝标准的全称量化＋匹配函数量化

我们在这里得到的启示是，要充分处理自然语言的语义问题，不但逻辑上要进一步细化，对相关自然语言现象也要进一步细化。只有两者结合起来，才能对一些现象给予充分的解释。

我们看到，相比于现存的分析，这个新的思路具有下面几个方面的突破。

（一）实证覆盖的扩展(more empirical coverage)

经过近20年的研究，海内外研究汉语"都"量化的学者几乎接近共识："都"是一个广义的分配算子（或者全称量词）[见 Lee (1986), Cheng (1996), Lin (1998), Yang (2001), Tomioka & Tsai (2005) 等]。虽然研究者们具体的表述或者不同[比如最近 Cheng & Giannakidou (2007)认为"都"是一个穷尽算子]，他们对"都"的基本语义内核都没有多少争议。然而，如果我们仔细考察"都"的更广泛的分布，尤其是"都"对事件的量化，就会发现这个标准的分析并不能直接应用于"都"的事件量化。"都"对事件的量化对现存的分析提出了三个问题：(i)"都"的事件量化不能看作是"都"对个体的分配(distributivity over individuals, DOI)的一个特例，这不但有违汉语事实，而且与当代语义学中有关量化的主流思想不符；(ii)"都"对事件的量化不能通过简单地引入"事件"的概念加以解决；(iii)"都"对事件的量化与"都"对个体的量化之间有共同的地方，而现存的分析无法充分把握这共性。本书基于"都"对事件的量化，提出了一个与标准的分析不同的思路：分配量化包含标准的全称量化和（匹配）函数量化。这个新的思路能够(i) 充分处理"都"对事件量化问题；(ii) 给"都"对个体的量化和"都"对事件的量化一个统一的解释；(iii) 具有跨语言的比较语义学的意义(关于第三点,可参见罗琼鹏在第四届莫斯科形式语义学会议上的报告)。不仅如此,本研究提出的新分析还可以同时处理现代汉语语义学中的另一难题:"每"与"都"的纠缠问题。借鉴函数量化的概念,现代汉语中"每"与"都"的问题可以得到更好的处理。我们看到,在实证覆盖上,本研究提出的思路可以把现代汉语语义学中一些看似不相干的现象结合起来,同时给它们一个统一的解释。这应该可以看作是一种进步,虽然可能是非常微小的进步。

(二)技术上的改变(technical advancement)

现存的分配量化的理论实际上是一阶的,而本研究提出的思路是高阶的。从一阶到高阶,技术手段上大有不同。过去20年来的广泛研究告诉我们,自然语言存在高阶的函数量化[这个观点可以追溯到 Frege (1889),最近的发展可见 Reinhart (1997, 2006),Kratzer (1998),Winter (1997, 2000, 2004),Chierchia (2001)等],或者说,高阶函数量化能够更充分地解释某些语言现象。这个技术上的改变,必然能够促进我们对现存的广义量词理论的基本观点的再思考。从这个意义上说,现代汉语语义学同样可以为丰富普通语言学的内涵和外延做出应有的贡献。

(三)方法论上的改变(methodological shift)

我们过去对"每""都"的研究,太关注于"每"和"都"的词汇语义。从描写的角度来说,这样做无可厚非。可是,从解释充分的角度看来,我们无法真正揭示为什么它们会具有这样而不是那样的句法/语义表现。解释充分的要求迫使我们采取另外一种策略:从某些独立的语法/语义机制推导它们的句法/语义分布和解释。本书努力实践这样的一种思路。我们认为,"都"和"每"本身并不是分配量词,只是有的时候可以作为分配量词。"是"和"作为"的区别,是从描写充分到解释充分必须要采取的步骤。我们所讨论的"分配量化",不是对单个的词汇进行语义解释,而是语法结构。单个的词汇不体现独立的语义机制,语法结构才能体现。词汇和语法手段,都是蕴含某种语法机制的语法结构的一部分,但是,绝对不是语法结构本身。从这一点说,我们过去很多对"都"和"每"的语义分析,只关注它们的词汇意义,而忽略了它们背后所蕴含的机制,是不可取的。要充分解释"每"和"都"的现象,必须跳出它们的词汇意义,通过更为独立的机制,来推导它们的分布。这种分析,才能体现解释充分的要求。

在接下来的进一步的研究中,我们希望能够取得下面几个方面的突破。

(一)实证涵盖的进一步拓展

除了"都"量化之外,现代汉语中还存在其他形式的分配量化。这些不同句法形式的分配量化,语义上是否存在共性呢?这是一个完全经验的问题。我希望,本研究中提出的思路,将被证明对于其他句法形式的分配量化一样有效。也希望,这里的讨论能够引发我们对于一些现有现象的再思考。

(二)模型的进一步完善

本书采用基于代数语义学的模型。究竟什么样的代数格的模型适合现代汉语的分配量化?细节上的问题还需要进一步完善。

(三)跨语言形式语义学的突破

同句法学一样,自然语言语义学一样要研究普遍语法。本研究旨在反对过分天真简单的语法观:自然语言的差异纯粹是同样语义功能的不同词汇实现。我们看到,即使是分配量化的跨语言变异,都不是这么简单。词汇实现纯粹是偶然,并没有太多的理论意义。语义变异,如同句法变异一样,是核心语法的一部分。罗琼鹏(2019)提出:

> 在引入跨语言视角方面,形式语义学严重滞后于音系学、形态学、句法学等领域……跨语言的形式语义研究,同样是语言学家探索跨语言变异机制的重要途径之一。(罗琼鹏,2019:57—58)

换言之,语义同句法一样,均受限于普遍语法。我们所谓的语义的普遍语法,可能只是(1)一套共用的语义的建筑材料;(2)高度限制的组合这些材料的原则。任何一点组合方式上的差异,哪怕只是一点小小的差异,都可能对整个系统造成"蝴蝶效应",而造成表象上巨大的差异。我们希望,这个基于混沌理论(chaotic theory)的有关语言变异的思路,也同时可以应用到自然语言的分配量化上来。从这一点上说,分配量化是可以让我们进一步探索自然语言语义变异的共性与个性的本质的一扇窗口。本研究若能在这个方面做出一些启示,不管多么微小,都是一种进步。

有关逻辑和自然语言的关系问题,千百年来一直困扰着人类历史上那些最聪明的脑袋。通过揭示现代汉语中"都"量化及其相关现象背后的语义机制,本书希望能够对这个古老而伟大的课题,有所微薄的贡献。

参考文献

郭锐、罗琼鹏,2009,《复数名词短语的指称和"都"量化》,刘丹青、程工主编《汉语的形式与功能研究》,北京:商务印书馆。

蒋严,1998,《语用推理与"都"的句法/语义特征》,《现代外语》第1期。

李临定,1960,《试论表"每"的数量结构对应式》,《中国语文》第11期。

吕叔湘主编,1980/1999,《现代汉语八百词》(增订本),北京:商务印书馆。

罗琼鹏,2006,《"都"量化与"连……都"结构》,《语言学论丛》第34辑。

罗琼鹏,2016,《匹配性与"都"对事件的量化》,《解放军外国语学院学报》第4期。

罗琼鹏,2019,《语义学与形态句法变异:以英汉语量级等比句为例》,《外国语》第3期。

马真,1983,《关于"都/全"所总括的对象的位置》,《汉语学习》第1期。另载:陆俭明、马真,1999,《现代汉语虚词散论》,北京:语文出版社。

潘海华,2006,《焦点、三分结构与汉语"都"的语义解释》,《语言研究与探索》第 13 辑,北京:商务印书馆。

徐颂列,1998,《现代汉语总括表达式研究》,杭州:浙江教育出版社。

袁毓林,2005,《"都"的语义功能和关联方向新解》,《中国语文》第 2 期。

邹崇理,2002,《逻辑、语言和信息:逻辑语法研究》,北京:人民出版社。

Aoun, Joseph & Y.-H. Audrey Li. 1989. "Scope and Constituency." *Linguistic Inquiry* 20:141–172.

Barwise, Jon & Robin Cooper. 1982. "Generalized Quantifiers and Natural Language." *Linguistics and Philosophy* 4:159–219.

Beghelli, Fillipo & Stowell, Tim. 1997. "Distributivity and Negation." In A. Szabolcsi (ed.), *Ways of Scope Taking*, 77–109. Dordrecht: Kluwer.

Beaver, David & Clark, Brady. 2003. "*Always* and *Only*: Why Not All Focus-Sensitive Operators Are Alike." *Natural Language Semantics* 11:323–362.

Brisson, Christine. 1998. "Distributivity, Maximality and Floating Quantifiers." PhD dissertation, Rutgers University.

Brisson, Christine. 2003. "Plurals, *All*, and the Nonuniformity of Collective Predication." *Linguistics and Philosophy* 26:129–184.

Cheng, Lai-sheng Lisa. 1995. "On *Dou*-Quantification." *Journal of East Asian Linguistics* 4:197–234.

Cheng, Lisa & Sybesma, Rint. 1999. "Bare and Not-So-Bare Nouns and the Structure of NP." *Linguistic Inquiry* 30:509–542.

Chierchia, Gennaro. 1998. "Reference to Kinds across Languages." *Natural Language Semantics* 6:339–405.

Choe, Jae-Woong. 1987. "Anti-Quantifiers and A Theory of Distributivity." PhD dissertation, University of Massachusetts at Amherst.

Chung, Sandra & Ladusaw, William. 2004. *Restriction and Saturation*. Cam., Mass.: MIT Press.

Davidson, Donald. 1967. "The Logical Form of Action Sentences." In Nicholas Rescher (ed.), *The Logic of Decision and Action*, 81–95. Pittsburgh: University of Pittsburgh Press.

van der Does, J. M. 1998. "Sums and Quantifiers." In Fritz Hamm and Erhard Hinrichs (eds.), *Plurality and Quantification*, 239–282. Dordrecht: Kluwer.

Dowty, David & B. Brodie. 1984. "The Semantics of 'Floating Quantifiers' in Transformational Grammar." In *Proceedings of WCCFL* 13, 75–90. Stanford: CSLI Publications.

von Fintel, Kai. 1994. "Restrictions on Quantifier Domains." PhD dissertation, University of Massachusetts at Amherst.

von Fintel, Kai & Matthewson, Lisa. 2008. "Universals in Semantics." *The Linguistic Review* 25(1–2):139–201.

Giannakidou, Anna & Lai-Shen Lisa Cheng. 2006. "(In)Definiteness, Polarity, and the Role of *wh*-morphology in Free Choice." *Journal of Semantics* 23:135–193.

Gil, David. 1988. "Georgian Reduplication and the Domain of Distributivity." *Linguistics* 26:1039–1065.

Gil, David. 1995. "Universal Quantifiers and Distributivity." In E. Bach et al. (eds.), *Quantification in Natural Languages*, 321-362. Dordrecht: Kluwer.

Heim, Irene. 1982. "The Semantics of Definite and Indefinite Noun Phrases." PhD dissertation, University of Massachusetts at Amherst.

Heim, Irene & Angelika Kratzer. 1998. *Semantics in Generative Grammar*. Blackwell.

Herburger, E.. 2000. *What Counts: Focus or Quantification*. Cambridge, Mass.: MIT Press.

Hinterwimmer, Stefan. 2005. "Q-Adverbs as Selective Binders: The Quantificational Variability of Free Relative and Definite DPs." PhD dissertation, Humboldt University of Berlin.

Huang, C.-T. James. 1982. "Logical Relations in Chinese and the Theory of Grammar." PhD dissertation, MIT.

Huang, C.-T. James. 1993. "Reconstruction and the Structure of VP: Some Theoretical Consequences." *Linguistic Inquiry* 24: 103-138.

Huang, Shi-zhe. 1996. "Quantification and Predication in Mandarin Chinese: A Case Study of *Dou*." PhD dissertation, UPenn.

Huang, Shi-zhe. 2005. *Universal Quantification with Skolemization as Evidenced in Chinese and English*. Edwin Mellen.

Kamp, Hans. 1981. "A Theory of Truth and Semantic Representation." In J. Groenendijk et al. (eds.), *Formal Methods in the*

Study of Language, 277 – 322. Amsterdam: Mathematical Center.

Keenan, Ed. 2002. "Some Properties of Natural Language Quantifiers: Generalized Quantifier Theory." *Linguistics and Philosophy* 25: 627 – 654.

Keenan, Ed & J. Stavi. 1986. "A Semantic Characterization of Natural Language Determiners." *Linguistics and Philosophy* 9: 253 – 326.

Kratzer, Angelika. 1995. "Stage-Level and Individual-Level Predicates." In G. Carlson et al. (eds.), *The Generic Book*. Chicago: The University of Chicago Press.

Krazter, Angelika. 2004. "Covert Quantifier Restriction in Natural Languages." Ms., University of Massachusetts at Amherst.

Kratzer, Angelika. 2006. "Situation in Natural Language Semantics." Ms., UMass.

Krifka, Manfred. 2008. "Masses and Countables: Linguistic and Cognitive Factors." Paper presented at FSiM 4 (Formal Semantics in Moscow 4). April, 2008. Moscow.

Landman, Fred. 1989. "Groups. Part One and Two." *Linguistics and Philosophy* 12: 559 – 605; 723 – 744.

Lasersohn, Peter. 1998. "Generalized Distributivity Operator." *Linguistics and Philosophy* 21: 83 – 93.

Lee, Thomas. 1986. "Studies on Quantification in Chinese." PhD dissertation, UCLA.

Lewis, David. 1975. "Adverbs of Quantification." In Ed. Keenan (ed.), *Formal Semantics of Natural Languages*. Cambridge: Cambridge University Press.

Li, Y.-H. Audrey. 1992. *Order and Constituency*. Dordrecht: Kuwer.

Li, Y.-H. Audrey. 1999. "Plurality in a Classifier Language." *Journal of East Asian Linguistics* 8:75-99.

Lin, Jo-wang. 1998. "Distributivity in Chinese and Its Implications." *Natural Language Semantics* 6:201-243.

Link, Godehard. 1983. "The Logical Analysis of Plurals and Mass Terms: A Lattice-Theoretical Approach." In R. Bauerle et al. (eds.), *Meaning, Use and Interpretation of Language*, 302-323. Berlin: Walter de Gruyter.

Link, Godehard. 1991. "Plural." In A. von Stechow & D. Wunderlich (eds.), *Semantik/Semantics: Ein internationales Handbuch der zeitgenossischen Forschung*, 418-440. Berlin: Walter de Gruyter.

Link, Godehard. 1998. *Algebraic Semantics in Language and Philosophy*. Stanford: CSLI Publications.

Liu, Feng-his. 1997. *Scope and Specificity*. Amsterdam: John Benjamins.

Luo, Qiongpeng. 2008a. "A New Name for Some Old Distributivity in Chinese and Its Implications." Paper accepted as alternate for presentation of the 34th Annual Meeting of Berkeley Linguistic Society (BLS 34). University of California at Berkeley, February 8-10, 2008. (Withdrawn)

Luo, Qiongpeng. 2008b. "Functional Quantification in Distributivity and Events." Paper presented at the ESSLLI 2008 workshop 'What Syntax Feeds Semantics'. August, 2008. Hamburg University.

Luo, Qiongpeng. 2009. "A Semantic Topography for Distributivity in Chinese." Paper presented at the 7th Generative Linguistics in the Old World in Asian Conference (GLOW in Asia 7). February 25 – 28, 2009. Hyderabad, India: English and Foreign Languages University.

Luo, Qiongpeng. 2011. "*Mei* and *Dou* in Chinese: A Tale of Two Quantifiers." *Taiwan Journal of Linguistics* 9(2): 111 – 156.

Matthewson, Lisa. 2001. "Quantification and the Nature of Cross-Linguistic Variation." *Natural Language Semantics* 9: 145 – 189.

Parsons, Terence. 1990. *Events in the Semantics of English: A Study in Subatomic Semantics*. Cambridge, Mass.: MIT Press.

Partee, H. Barbara. 1987. "Noun Phrase Interpretation and Type-Shifting Principles." In J. Groenendijk & M. Stockhof (eds.), *Studies in Discourse Representation Theory and the Theory of Generalized Quantifiers*, 115 – 143. GRASS 8. Dordrecht: Foris.

Partee, H. Barbara. 1991. "Topic, Focus and Quantification." In S. Moore & A. Z. Wyner (eds.), *Proceedings from SALT 1*, 159 – 187. Cornell University.

Partee, H. Barbara et al. 1990. *Mathematical Methods in Linguistics*. Dordrecht: Kluwer.

Reinhart, Tanya. 1997. "Quantifier Scope: How Labor is Divided Between QR and Choice Functions." *Linguistics and Philosophy* 20: 335–397.

Reinhart, Tanya. 2006. *Interface Strategies: Optimal and Costly Computations*. Cam., Mass.: MIT Press.

Rothstein, Susan. 1995. "Adverbial Quantification over Events." *Natural Language Semantics* 3:1–31.

Scha, Remko. 1981. "Distributive, Collective and Cumulative Quantification." In J. Groenendijk et al. (eds.), *Formal Methods in the Study of Language*, 483–512. Amsterdam: Mathematical Center.

Schwarzschild, Roger. 1996. *Pluralities*. Dordrecht: Kluwer.

de Swart, Henriette. 1993. *Adverbs of Quantification: A Generalized Quantifier Approach*. New York & London: Garland.

de Swart, Henriette. 2001. "Weak Readings of Indefinites: Type-Shifting and Closure." *The Linguistic Review* 18: 68–96.

Szabolcsi, Anna. 1997. "Strategies for Scope Taking." In A. Szabolcsi (ed.), *Ways of Scope Taking*, 109–155. Dordrecht: Kluwer.

Szabolcsi, Anna. 2007. "Scope and Binding." Ms., NYU.

Tomioka, Satoshi & Tsai, Yaping. "Domain Restrictions for Distributive Quantification in Chinese." *Journal of East Asian Linguistics* 14: 89–120.

Westerstahl, D. 1985. "Logical Constants in Quantifier Languages." *Linguistics and Philosophy* 8: 387-413.

Wu, Jianxin. 1999. "Syntax and Semantics of Quantification in Chinese." PhD dissertation, University of Maryland.

Vendler, Zeno. 1967. *Linguistics in Philosophy*. Ithaca: Cornell University Press.

Yang, Rong. 2001. "Common Nouns, Classifiers and Quantification in Chinese." PhD dissertation, Rutgers.

Zimmermann, Malte. 2002. "Boys Buying Two Sausages Each: On the Syntax and Semantics of Distance-Distributivity." PhD dissertation, University of Amsterdam.

附录:代数语义学中的常用概念

1. 代数格(Lattice)的定义

集合上的二元关系的性质

设 A 是非空集合,在 A 上存在如下的关系。

自反性:设 R 是定义在 A 上的二元关系,R 是自反的当且仅当
$Ref(R) \Leftrightarrow \forall x(x \in A \rightarrow xRx)$

对称性:设 R 是定义在 A 上的二元关系,R 是对称的当且仅当
$Sym(R) \Leftrightarrow \forall x \forall y(x \in A \wedge y \in A \wedge <x,y> \in R \rightarrow <y,x> \in R)$

传递性:设 R 是定义在 A 上的二元关系,R 是传递的当且仅当
$Tran(R) \Leftrightarrow \forall x \forall y \forall z(x \in A \wedge y \in A \wedge z \in A \wedge xRy \wedge yRz \rightarrow xRz)$

反自反性:设 R 是定义在 A 上的二元关系,R 是反自反的当且仅当
$Irreflexive(R) \Leftrightarrow \forall x(x \in A \rightarrow <x,x> \notin R)$

反对称性:设 R 是定义在 A 上的二元关系,R 是反对称的当且仅当
$Anti\text{-}Sym(R) \Leftrightarrow \forall x \forall y(x \in A \wedge y \in A \wedge xRy \wedge yRx \rightarrow x=y)$

联结性:设 R 是定义在 A 上的二元关系,R 是联结的当且仅当
$Connected(R) \Leftrightarrow \forall x \forall y(x \in A \wedge y \in A \wedge x \neq y \rightarrow xRy \vee yRx)$

序关系,弱序关系,强序关系,偏序关系

当一个二元关系 R 是自反的,传递的,反对称的,它是一个弱序关系。

当一个二元关系 R 是反自反的,传递的,不对称的,它是一个强序关系。

当一个序关系,包括强序关系和弱序关系,同时也是联结的,是一个全序关系(total)或线性序关系(linear)。

通常我们所说的偏序关系(partially ordered set, poset)是一个弱序关系。

例1：证明<R, ≤>是一个序偶集(实数集上的小于等于关系)。

证明：(1) 对于任意实数 a∈R,有 a≤a,所以"≤"是自反的。

(2) 对于任意实数 a, b∈R,如果 a≤b,b≤a,则必有 a＝b,所以"≤"是反对称的。

(3) 如果 a≤b≤c,那么必有 a≤c,所以"≤"是传递的。

因此,"≤"是个偏序关系。

代数格

定义：设<A, ≤>是一个偏序集,如果 A 中任意两个元素都有最小上界和最大下界,则<A, ≤>是格。

最小上界：对于任意的偏序集 A,有一个上界 B⊆A,∃a∈A,如果∀b∈B, b≤a,则 B 的上界 a 是 B 的最小上界,记为 a＝∨B 或者 a＝sup(B)(supremum)

最大下界：对于任意的偏序集 A，有一个下界 B⊆A，∃a∈A，如果∀b∈B，b⩾a，则 B 的下界 a 是 B 的最大下界，记为 a = ∧B 或者 a = inf(B)（infimum）

例2：设 ℘(S) 是给定集合 S 的幂集，证明 <℘(S),⊆> 是格。

证明：(1) 容易证明，<℘(S),⊆> 是一个偏序集（满足自反性，传递性，反对称性）；

(2) 对于 ℘(S) 中的任意两个元素 S_1, S_2，它们的最大下界是 $S_1 \cap S_2$，最小上界是 $S_1 \cup S_2$。

所以，<℘(S),⊆> 是格。

2. 同态与同构（homomorphism and isomorphism）

同态映射（homomorphism）

定义：设 <A,·> 和 <B,∗> 是两个代数系统，· 和 ∗ 分别是 A 和 B 上的二元（n 元）运算，设 f 是从 A 到 B 的一个影射，使得对任意的 $a_1, a_2 \in A$，都有

$$f(a_1 \cdot a_2) = f(a_1) * f(a_2)$$

则称 f 是由 <A,·> 和 <B,∗> 的一个同态映射。其中：

$$f(A) = \{x \mid x = f(a), a \in A\} \subseteq B$$

满同态（epimorphism），单一同态（monomorphism）与同构（isomorphism）

设 f 是从 <A,·> 和 <B,∗> 的一个同态映射，如果 f 是从 A 到 B 的一个满射，则 f 是满同态（epimorphism）；如果 f 是从 A 到 B 的一个入射，则 f 是单一同态（monomorphism）；如果 f 是从 A 到 B 的一个双射，则 f 是同构映射（isomorphism），代数结构 <A,·> 和

<B,*>是同构的。

自同态(automorphism)与自同构

设<A,·>是一个代数系统,如果 f 是由<A,·>到<A,·>的同态,则称 f 是自同态。如果 g 是从<A,·>到<A,·>的同构,则称 g 为自同构。

注:本书所讨论的匹配函数是一个单一同态(monomorphism)。

3. 格上的操作与关系

(1) 加合操作(Sum operations):$\oplus$ where $x \oplus y =$ the sum of x and y (an idempotent, commutative and associative relation)

(2) 部分关系(Part relation):$\leqslant$ where $x \leqslant y \Leftrightarrow x \oplus y = y$ (or $x \wedge y = x$)

(3) 真部分关系(Proper part relation):$<$ where $x < y \Leftrightarrow x \leqslant y \wedge y \neq x$

(4) 重合关系(Overlap relation):$\circ$ where $x \circ y \Leftrightarrow \exists z\,(z \leqslant x\ \&\ z \leqslant y)$

(5) 原子(Atoms):$AT(x)$ $AT(a) \Leftrightarrow \forall x\,(x \leqslant a \rightarrow x = a)$

(6) 个体加合操作(The individual sum):$\sigma x Px = \iota x(*Px \wedge \forall y(*Py \rightarrow y \leqslant x)$

Examples:

$a \leqslant a \oplus b$ $a \leqslant a$ $a < a \oplus b$ $a \oplus b \circ a \oplus c$

a, b, c are atoms

$a \oplus b$ is the sum of a and b

(7) 累积性(Cumulativity)

$CUM(P) \Leftrightarrow \forall x, y[P(x) \wedge P(y) \rightarrow P(x \oplus y)]$

(8) 均质性(Homogeneity)

HOM(P)⇔∀X[P(X) →∀y[y ≤ x → P(y)]]

(9) 量界性(Quantization)

QUANT(P)⇔∀x,y[P(x) ∧ x < y → ¬P(y)]

(10) 离散性(Discreteness)

DISCR(P)⇔∀x,y[P(x) ∧ P(y) → ¬ x o y]

图书在版编目(CIP)数据

现代汉语中的分配量化/罗琼鹏著. —南京:南京大学出版社,2021.4
(面向新时代的汉语语法理论创新)
ISBN 978-7-305-24186-4

Ⅰ.①现… Ⅱ.①罗… Ⅲ.①现代汉语-语义学-研究 Ⅳ.①H136

中国版本图书馆 CIP 数据核字(2021)第 024201 号

出版发行	南京大学出版社
社　　址	南京市汉口路 22 号　　邮　编 210093
出 版 人	金鑫荣
丛 书 名	面向新时代的汉语语法理论创新
书　　名	**现代汉语中的分配量化**
著　　者	罗琼鹏
责任编辑	刘　丹
照　　排	南京紫藤制版印务中心
印　　刷	江苏扬中印刷有限公司
开　　本	880×1230　1/32　印张 7.375　字数 165 千
版　　次	2021 年 4 月第 1 版　2021 年 4 月第 1 次印刷
ISBN	978-7-305-24186-4
定　　价	30.00 元
网　　址	http://www.njupco.com
官方微博	http://weibo.com/njupco
官方微信	njupress
销售咨询	025-83594756

* 版权所有,侵权必究
* 凡购买南大版图书,如有印装质量问题,请与所购图书销售部门联系调换